4A2 Span Bio MF BARAK

D0455483

SIMON &
SCHUSTER

LIBROS EN
ESPAÑOL

SHAKIRA

MUJER LLENA DE GRACIA

XIMENA DIEGO

LIBROS EN ESPAÑOL

PUBLICADO POR SIMON & SCHUSTER

NEW YORK · LONDON · TORONTO · SYDNEY · SINGAPORE

A Mark,

por darle sentido a lo que me rodea.

SIMON & SCHUSTER
LIBROS EN ESPAÑOL
Rockefeller Center
1230 Avenue of the Americas
New York, NY 10020

Diseño de BTDnyc
PRODUCIDO POR K&N BOOKWORKS INC.

Hecho en los Estados Unidos de América

9 8 7 6 5 4 3 2 1

Datos de catalogación de la Biblioteca del Congreso:
Puede solicitarse información.

ISBN 0-7432-1599-0

AGRADECIMIENTOS

Para este informe recopilé artículos de prensa, entrevistas, anécdotas y las historias de gente que ha acompañado a Shakira a lo largo de su carrera. Durante la investigación me he encontrado con gente generosa, tanto con su tiempo como con sus recuerdos. A todos ellos, mi más sincero agradecimiento. Entre quienes hicieron posible la aparición de este libro se encuentran Alexi Castillo, directora de la revista *TV y Novelas* de Colombia; María del Rosario Sánchez, primera jefa de prensa de Shakira; Michelle Hustik, presidenta del Club de Fans en Bogotá; Brendan Buckley, baterista que acompaña a Shakira; Luis Fernando Ochoa, compositor y productor; César Navarro, uno de sus bailarines durante la época de *Magia*; Carlos Venegas, un promotor que la vio crecer; Jairo Martínez, de Estefan Enterprises, y Carlos Muñoz, de Sony Colombia. Gracias a Estela Bolaños por ser una hija ejemplar de Barranquilla y a Noelia, en Buenos Aires, por mantener uno de los sitios de Internet más completos (www.shakiramebarak.com). Después de hablar con todos ellos y otra gente que también rozó su vida, mirar y leer entrevistas, escuchar sus canciones, visitar sitios en Internet y hablar con sus fans, nació este libro, como una recopilación, siempre inexacta, de aconte-cimientos que hicieron a la formación de Shakira. Espero que arroje luz sobre la historia de esta cantautora que, más allá de las modas y los premios, está transformando la escena de la música con la fuerza de un terremoto y promete convertirse en el *crossover* más exitoso de la historia.

Mi más profundo agradecimiento a los directivos de Simon & Schuster, especialmente a mi editora, Marcela Landres, que tanto acompañó y apoyó este proyecto, y a mi agente literario, Laura Dail, por haberme sugerido para esta tarea y por haber estado siempre cerca durante el proceso de realización. Le agradezco también a Dolores Prida su valiosa ayuda y sus sabios consejos y a Francheska Farinacci por haber traducido tan pacientemente todo el material. Finalmente, gracias a mi adorada familia por el amor de siempre.

Índice

SHAKIRA

Introducción

Cuando Shakira llegó a la primera edición de los Premios Grammy Latinos en Los Ángeles, con el cabello rubio y vestida en tonos de verde, algunos recién escuchaban hablar de ella. Pero a partir de esa misma noche, la recordarían para siempre. Nomás subirse al escenario, mirar desafiante con sus ojos de gitana y comenzar a mover sensualmente sus caderas al ritmo del dumbek, el tambor de sus ancestros, se a dueñó de la audiencia. Nadie pudo quitarle los ojos de encima a esta mujer que, como poseída por antiguos demonios, cantaba en árabe con la voz de una rockera veterana. Esa noche, Shakira dejó en claro por qué la revista *Time* le había dedicado su portada al hablar de la "Era of the Rockera", por qué Gabriel García Márquez la había entrevistado para su revista *Cambio* y por qué llevaba vendidos millones de discos en el mundo.

Pero, ¿quién es esta joven colombiana de nombre árabe que, además de bailar la danza del vientre y componer canciones, es capaz de llenar estadios y convertir su atuendo en moda? Antes del año 2001, poco sabíamos de ella aquí en Estados Unidos, y sin embargo, en todo América Latina, Europa, Medio Oriente y en Japón, sus canciones habían sido varias veces número uno y sus vídeos han mantenido los primeros lugares en la cadena MTV por meses. Para muchos, ella es la indiscutible reina mundial del pop y el rock en español.

Cuando este huracán arrollador empezó a vender millones de discos, la crítica, aún con la boca abierta, balbuceaba comparaciones con Alanis Morissette y Janis Joplin. Y aunque las tres cantantes puedan hermanarse en la nutrida cabellera, la pasión por la música y los juegos de voz tan personales, definitivamente el espíritu de Shakira está lejos de las polémicas, las depresiones y la psicodelia. Su personalidad, hay que decirlo, no es simple. Su forma de ser es extremadamente espiritual, soñadora y alegre, casi como una niña. Y sin embargo, su sabiduría e intuición la hacen parecer más bien un alma antigua, una mujer que ha recorrido otras vidas y sabe a dónde ir y qué camino tomar —como si su destino estuviera ya marcado.

Posee un carisma poco frecuente. Se ve que sus padres no se confundieron cuando la bautizaron Shakira, que en árabe significa "mujer llena de gracia" y en hindi "diosa de la luz". Por su sangre libanesa le llegó el karma artístico, y a los cuatro años sorprendió a todos bailando la danza del vientre cuando nadie le había enseñado. A los ocho compuso su primera canción, y cinco años más tarde firmó su primer contrato discográfico, nada menos que con Sony Colombia, para grabar un álbum con sus propias canciones.

El éxito con mayúscula le llegó a los diecinueve años, cuando en 1995 su tercer álbum, *Pies descalzos,* ubicó su voz en las radios de todo el planeta, literalmente: la canción "Estoy aquí" sonó tanto en Buenos Aires como en Tokio, pasando por Brasil y Turquía. El siguiente disco, *Dónde están los ladrones?,* que llegó con el padrinazgo de Emilio Estefan, la consolidó como artista y demostró que de estrellita fugaz la rockera no tenía nada. Por el contrario, al mes de haberse lanzado, el disco llevaba vendidas más de un millón de copias. A los pocos meses, MTV le abría las puertas de su estudio para grabar un recital acústico, el famoso *Unplugged*, mientras ya se planeaba su siguiente disco en inglés. Impresionante.

Pero el éxito no le llegó a Shakira de la noche a la mañana. En el camino fue encontrando barreras, tropezones y subidas empinadas, y también muchísimos aliados, empezando por ella misma.

Por una ironía de la historia, Shakira nunca pudo integrar el coro del colegio: el profesor de música le dijo que su voz se parecía al berrido de una chiva. Éste fue, quizás, el primer bofetón a su orgullo artístico. Pero en la clase no dijo nada. Se fue a llorar a casa, para que nadie la viera. A las pocas semanas, regresaba a la misma clase con sus primeros logros obtenidos en concursos de canto. Los premios se fueron acumulando, y al día siguiente de cada victoria, invariablemente, Shakira llevaba al colegio su trofeo para pasearlo por las narices de aquel profesor.

Su primer gran mérito fue impresionar a un ejecutivo de Sony Colombia cantando y bailando la danza del vientre en un pasillo de hotel, porque así consiguió su primer contrato con la disquera. Y cuando unos años más tarde su sello estaba pensando terminar ese contrato, Shakira les cerró a todos la boca con *Pies descalzos*. Con la misma fe y perseverancia con que años atrás conquistaba los trofeos en los concursos de canto, ahora traía Discos de Oro y Platino para pasearlos por las narices de aquellos ejecutivos que tiempo atrás le hacían la vida imposible.

Su talento para la música es innegable e innato, pero en su camino a la fama supo encontrar a los aliados que su carrera precisaba. Con un instinto afiladísimo, poco frecuente en una adolescente, supo conectarse con las personas indicadas: conseguir el apoyo inicial de una revista de la farándula, *TV y Novelas,* y una mánager que le dio el apoyo de Caracol Televisión, la más importante productora en ese momento en Colombia. Supo aprovechar su popularidad en Latinoamérica para entrar en el mercado estadounidense de la mano de

Emilio Estefan primero y de Freddie DeMann después. El mismo que en el pasado se ocupó de las carreras de Madonna y Michael Jackson ahora maneja la de Shakira. Sin duda, esta artista sabe qué manos tomar, y a la hora de planear su carrera sabe muy bien a dónde quiere llegar.

En la actualidad, por ejemplo, conseguir información sobre su pasado puede ser una de las tareas más difíciles, ya que, por alguna razón, ni su Club de Fans en Colombia, ni su ex mánager Patricia Téllez, ni viejos amigos de Shakira en Barranquilla quieren hablar de ella con la prensa —según algunos, por pedido expreso de la artista. Pero atrás, muy atrás ha quedado la historia que contaba una periodista de la revista *TV y Novelas*: cuando Shakira llegó desde su Barranquilla natal a Bogotá, pasaba varias horas sentada en la redacción de la revista haciendo nada, esperando a que alguien la entrevistara.

Así todo, en los ojos de los cientos que la han entrevistado en su carrera, Shakira parece más una niña de su casa que una estrella de rock. Como en sus comienzos, sigue viajando a todos lados con sus padres y rezándole a Dios antes de subir a cualquier escenario. Como antes de ser famosa, sigue siendo una devota católica que va a misa siempre que puede, aunque también continúa leyendo a escritores ateos (sin entender cómo éstos no atribuyen a Dios tamaña inspiración) y así mantiene cultivado su intelecto y fértil la imaginación. Ella es ecléctica y ama serlo. "Soy un cóctel de elementos", ha dicho orgullosa más de una vez.

Físicamente, es menuda: su altura no supera los 5'2". Sin embargo, cuando sube al escenario su presencia es monumental. Sabe transitar las tablas, hablar con su público y provocarlo. Sus conciertos son catárticos: las canciones son coreadas de principio a fin, hay bailes, empujones, gritos, histeria... "Ídolo...", le gritan.

La mayoría de sus admiradores, sin embargo, nunca han ido a sus conciertos. Los millones de seguidores que tiene esparcidos por el mundo se dan cita en Internet, donde tiene clubes de fans que hablan turco, portugués, español, inglés y francés. La semana en que se escaparon los rumores de su romance con Antonio de la Rúa, hijo del presidente de Argentina, el nombre Shakira fue la sexta palabra más ingresada en el motor de búsqueda AltaVista en todo el mundo.

Alejándose del perfil de las cantantes pop de su generación, Shakira escribe y compone sus propios temas, colabora en los arreglos, toca la guitarra y la armónica, baila la danza del vientre y canta en portugués, y ahora en inglés, además del español, su lengua materna. Aguerrida, sensual y sabia, esta artista está dejando una profunda huella en la arena homogénea del pop mundial. Quizás las páginas siguientes nos ayuden a entender quién es, cómo ha logrado sus éxitos y de dónde viene esta mujer llena de gracia.

1

EL ORIGEN

"Barranquilla es mi tierra, mi gente, mi familia, mis amigos, mi butifarra*, el corozo.**"

"Soy una contradicción andante. Una mezcla de elementos que provienen de mundos distintos y lejanos", se describía Shakira hace algunos años, aclarando: "Pero estos elementos no pelean sino que conviven en paz. Yo acepto todas las contradicciones que hay en mí y ellas se aceptan unas a otras". Y quizás, ninguna otra ciudad represente con mayor fidelidad el alma de esta artista como su ciudad natal. Como en su personalidad, elementos disímiles y distantes conviven en armonía y respeto en Barranquilla.

Bañada por las aguas del Caribe y transitada por un sinnúmero de comerciantes desde la época de la colonia, la tierra de Shakira es una de las más alegres y vibrantes de Colombia. Aquí se encuentra el puerto de mayor importancia del país, por el que han pasado

*Butifarra: Salchicha catalana
**Corozo: Palma con fruto ácido y rojizo, parecido al cranberry.

toneladas de café y petróleo, y por donde han desfilado las más diversas razas del mundo. Desde su fundación en el siglo XVII, la ciudad fue creciendo como una mezcla de tres razas: la india, la española y la negra. Pero durante los últimos cien años, esta zona fue el destino de inmigrantes de varios pueblos, tan distantes como distintos, entre los que se encontraban alemanes, judíos, italianos, irlandeses, chinos, libaneses y palestinos. Se establecieron en la costa colombiana muy pacíficamente, sin nada que perder y con muchos sueños por realizar, en busca de una vida mejor. Con el correr del tiempo, estas culturas se fueron apropiando del entorno, dejando su huella en la arquitectura, la música y la comida del lugar, ya sea en la construcción de sinagogas, en la proliferación de lavanderías chinas o en el aroma de arepa frita y de butifarra asada.

Estas comunidades se fueron extendiendo e integrando, haciendo de este remanso un centro privilegiado que recibió el mote de "La puerta de oro" o "Curramba la bella", una ciudad imaginativa, económicamente activa y socialmente tolerante de las diferencias. "El barranquillero es una persona sencilla, abierta, trabajadora. Sabe vivir la vida, no es fanático. No se mata por política ni por religión... Se recontramata por el fútbol", bromeaba una caribeña colombiana describiendo a su gente. Y en la misma síntesis decía: "Barranquilla es un caldero de muchas nacionalidades, por eso la gente asimila las culturas foráneas y no las combate".

Pocas celebraciones exhiben con mayor esplendor este mestizaje cultural como lo hace el Carnaval, la fiesta popular por excelencia. Una vez al año, hombres, mujeres y niños salen por las calles ataviados con coloridos trajes y maquillados hasta el exceso para desfilar en sus carrozas, bailar en las comparsas, tocar los tambores y festejar ruidosamente en el más puro espíritu caribeño. Ese día todo vale, y la imaginación no tiene límite: hay parodias y sátiras políticas, hay reinas y canciones típicas... Las jornadas de Carnaval son apoteósicas, las calles están repletas y nadie se queda afuera. Durante esos cuatro días, ricos y pobres son todos iguales y la única ley es la diversión.

Así como se cultiva la tradición carnavalesca, las fiestas religiosas son celebradas con igual fervor. Aunque cada religión festeje las suyas, Barranquilla es mayormente católica, y miles de familias se juntan para celebrar la Nochebuena, la Navidad y el Año Nuevo. Quizás como otro ejemplo de integración, la fe que trajeron los españoles es practicada en la actualidad por miembros de comunidades tradicionalmente no católicas, como ocurre con gran parte de la comunidad árabe. Esto sucede, por ejemplo, con la familia de Shakira, que teniendo ascendencia libanesa practica la religión católica sin por ello perder muchas otras costumbres árabes, como la música o la comida.

A diferencia de Bogotá o Medellín, Barranquilla es una ciudad pacífica, que vive alejada de las intrigas políticas y el accionar de los carteles de la droga. Aunque resulte extraño, los barranquilleros no experimentaron los constantes ataques terroristas y los secuestros políticos que tan mala fama dieron a Colombia, especialmente durante la década de los años noventa. Como si la cercanía al mar amansara a las fieras, las calles de Barranquilla no pasaron por el miedo de bombas explotando cotidianamente en el automóvil de alguno, ni los asesinatos horrendos de personas poderosas. Como destacan orgullosamente algunos ciudadanos de aquí, Barranquilla es tolerante "y caribeña".

Quizás sea por esto último que, cuando no trabaja, esta ciudad está "rumbeando" o socializando hasta largas horas de la noche. Sus habitantes viven las horas con un reloj particular, muy tranquilamente, como saboreando el día. Quizás caminando ligero pero nunca corriendo... salvo que haya una fiesta. Después de todo, gran parte del año viven envueltos en un calor húmedo, más propicio para charlar tomando un refresco que para sudar corriendo para coger el autobús.

En este centro urbano, privilegiado dentro de la dura realidad colombiana, nació Shakira Isabel Mebarak Ripoll un miércoles 2 de febrero de 1977 en la Clínica Asunción de Barranquilla. Hija de un inmigrante libanés, Don William Mebarak Chadid, y de su esposa colombiana, Nidia Ripoll Torrado, la niña fue la bendición de la pareja y también su única hija. A la hora de apodar a la recién nacida, Nidia había barajado varios nombres con la letra "k", así podría aprovechar el sonido de la "k" en Mebarak. Había pensado en Karime o Katiuska, pero finalmente se quedó con Shakira, un nombre árabe derivado de la palabra "shukram", que significa "gracia". La traducción más acertada sería la de "mujer llena de gracia", aunque Shakira dice sentirse más identificada con una segunda posible traducción, "agradecida".

Cuentan cronistas colombianos que la recién nacida era gordita y tenía el pelo ensortijado, las cejas tupidas y muy buenos pulmones. Lo que nadie sabía por ese entonces era que esos pulmones inscribirían su nombre en la historia de la música.

SU GENTE Y SU FAMILIA

"Yo vengo de una sociedad tradicional, no sólo porque crecí en un colegio religioso, sino porque lo hice en un hogar mitad árabe, mitad barranquillero, y en una ciudad pequeña de la costa."

Según cronistas colombianos Don William Esteban Mebarak Chadid había nacido en la ciudad de Nueva York, pero siendo él pequeño la familia se mudó a Colombia. Nidia Ripoll Torrado, en cambio, nació en Barranquilla, y por sus venas corre sangre catalana. Cuando los dos se casaron, don William ya se había divorciado y tenía siete hijos del matrimonio anterior, con lo cual Shakira llegó al mundo como la hija menor de varios hermanos dispuestos a consentirla.

Don William fue una figura clave en la formación y la sensibilidad de Shakira. Orgulloso de sus raíces árabes, él era joyero de profesión y escritor de vocación. Según la revista *TV y Novelas* de Colombia en sus épocas de joyero mantenía una joyería en Barranquilla, tienda que mantuvo durante casi dos décadas. Sin embargo, poco después del nacimiento de Shakira, él ya había liquidado este negocio y se dedicaba sólo a la venta de relojes cerca de donde vivía. Nidia era quien se encargaba del funcionamiento del hogar y de seguir de cerca los pasos de su hija; ella fue quien supo intuir las inclinaciones artísticas de la pequeña.

La pasión de don William por la literatura y el acontecer intelectual y artístico hizo que Shakira creciera rodeada de libros de todo tipo y de música árabe, pero fue quizás por la religiosidad de Nidia que la niña se acercó a la Biblia. En palabras de la compositora, sus padres son bien diferentes, pero ambos se complementan: "Mi padre es el idealismo y mi madre es el realismo, así, en mi hogar encuentro tierra y también oxígeno. Mi papá es la locura y mi mamá es la cordura".

Por varios años, la familia perteneció a un club social donde se reunían las familias de la comunidad libanesa a revivir las costumbres de sus antepasados en la comida, el baile y el canto. Éste era unos de los sitios donde socializaba la familia Mebarak, y allí fue donde Shakira comenzó a probar los manjares árabes y a observar desde temprana edad cómo se movían las caderas de las bailarinas de turno.

Los Mebarak tenían un buen pasar. Fueron una pareja de clase media que logró enviar a su hija única a un buen colegio de monjas y pagarle clases particulares de canto, expresión corporal y modelaje. Mantenían una linda casa en la zona norte de Barranquilla, y se daban los gustos de cualquier familia que sabe pasarla bien con cosas simples. Pero más allá de los bienes materiales, William y Nidia criaron a su hija en los valores cristianos y se ocuparon de estar atentos a sus necesidades: supieron escuchar los deseos de esa pequeña inquieta y curiosa, e intuyeron rápidamente que la niña no tendría una vida ordinaria.

Cuando Shakira era chiquita, Nidia descubrió que tenía facilidad para aprender a escribir. Según cuentan sus cronistas colombianos, la niña aprendió el abecedario a los dieciocho meses, a los tres años ya sabía leer y a los cuatro estaba lista para comenzar la escuela primaria. Parecía que la pequeña era una niña prodigio. Al menos eso pensó su madre, que la sometió a unos exámenes académicos que determinaron que la niña era un genio.

Si bien Shakira vivía sólo con sus padres, era frecuente que sus hermanastros pasaran por su casa, sea para cuidarla o para jugar, ya que vivían en el mismo barrio a sólo unas cuadras de distancia. Quizás por eso, cuando Shakira habla de su familia, habla de sus hermanos (y no "hermanastros") como parte de ésta, tanto como Nidia o William. De todos los hijos que tuvo su padre, Shakira nunca conoció al mayor de ellos, que murió antes de que ella naciera. Su hermana mayor, Lucy, es una médica cirujana que reside en Colombia, como casi todos los demás. A ella le sigue Alberto, que ejerce de abogado en Barranquilla y que se caso allí febrero del 2001. Moisés, el tercero, también está casado. El cuarto es Tonino, quizás el más cercano a Shakira por trabajar desde hace varíos algunos años como su *road manager*. Tonino iba a seguir la carrera de su padre, pero el éxito de su hermanastra le aseguró un trabajo algo más entretenido. Ahora hace algunos años que está casado y tiene una hija que es también ahijada de Shakira. "Por ser la menor, es la más consentida de la casa. No es nada ordenada, pero sabe muy bien lo que hace y es de muy buen genio", reveló él hace algunos años a una revista colombiana.

A Tonino le sigue Patricia, que vive en España y es educadora especial. Y finalmente están Antonio, y Edward, el menor, que vive en Miami.

Quizás por su formación católica o por haberse criado rodeada de mucho afecto, la palabra "familia" tiene para Shakira un significado sagrado. Su núcleo familiar es algo de lo que está muy orgullosa, un organismo que le da fuerza y alegría, el grupo del que se nutre en los momentos de búsqueda. Hablando de la relación entre ellos, don William resaltó en una oportunidad la generosidad de Shakira para con sus hermanos: "A Lucy le pagó la especialización en medicina, a Edward le costea los estudios de inglés en Estados Unidos, a Alberto le obsequió un auto y a Tonino lo empleó como su representante".

Pero mucho antes de tener la existencia agitada y compleja que tiene hoy día, la infancia de Shakira transcurría con la placidez, las aventuras y los descubrimientos de una barranquillera más.

ENTRE EL BARRIO Y LA PLAYA, SU INFANCIA

"Recuerdo a unos padres amorosos, con los que siempre tuve una gran comunicación. Recuerdo que le oraba a Dios cantando."

Los Mebarak vivían en el barrio El Limoncito, un suburbio familiar de clase media, donde todos se conocían por el nombre. Por las tardes, los chicos se juntaban a jugar al fútbol en la calle y las niñas se reunían en la vereda, o se armaban grupos mixtos para jugar a los policías y ladrones. O, simplemente, se encontraban todos en alguna casa para hacer esa innumerable cantidad de actividades que hacen los niños cuando tienen toda una vida por delante.

La niñez de Shakira estuvo llena de vecinos y amigos, algunos de los cuales sobrevivieron la infancia. De hecho, cuando hoy en día le preguntan si tiene muchos amigos, ella siempre contesta, frescamente, que no. Que los amigos los puede contar con los dedos de su mano, y que son los que tenía mientras crecía en Barranquilla. Allí en su barrio entabló relaciones que duraron muchos años, y con algunos de sus vecinos mantiene amistad hasta hoy.

Una de sus mejores amigas de la infancia fue Vanesa Vengoechea, quien fue entrevistada años atrás por la revista *TV y Novelas* de Colombia. Cuando eran chicas se encontraban para jugar en la calle, se arreglaban juntas para ir a las fiestas y se invitaban a sus casas para ver películas. En los ojos de Vanesa, era raro que su mejor amiga estuviera triste. "Era buena para escuchar problemas y dar consejos", le confiaba Vanesa a una revista colombiana. Pero aunque las dos hablaran mucho de sus cosas, lo que más les gustaba era salir. "Nuestro plan favorito era ir a la playa o jugar voleibol", cuenta. En la casa de Vanesa se juntaban a ver películas hasta tarde los fines de semana. Entre las cintas favoritas de Shakira estaban las de terror: le encantaba temblar de miedo frente al televisor. Lo malo del asunto era que se la pasaba comentando la película y haciendo observaciones, cuenta Vanesa. "Y cuando se terminaba, ella quería hablar sobre el tema y siempre se encontraba con que ninguno tenía ganas". Inquieta y verborrágica, Shakira siempre tenía algo para decir.

A la pequeña Mebarak le encantaban los Carnavales, los bailes, las papas fritas, la Coca-Cola y los patacones (plátanos fritos) que el "viejo Paco" freía en la casa de los Vengoechea. Según cuenta Paola, la hermana de Vanesa, a Shakira le encantaba ir a las fiestas, pero fuera de Óscar, su primer novio, a ninguno le gustaba ir con ella, "porque doña Nidia siempre pedía que la llevaran temprano, antes de las doce de la noche". Según esta familia, Shakira sigue siendo la misma de antes, igual de sencilla y alegre —aunque ahora, cuando llega de visita, lleva siempre una peluca y gafas oscuras para evitar que los fans la reconozcan.

El resto de sus vecinos que aún viven en El Limoncito también la recuerdan alegre y vivaracha, con frecuencia sentada en los peldaños de su escalera con la guitarra. "De niña no se quitaba el uniforme cuando llegaba del colegio, pero sí los zapatos y las medias. Uno la veía descalza caminando por la cuadra, a veces sola y otras veces con su grupo de amigas".

Como buena caribeña, Shakira se pasaba gran parte de sus días al aire libre. Con sus amigos tenía un juego llamado policías y ladrones, y, nada sorprendente, ella era la jefa del grupo. "Jugaba con niños varones, y eso me sirvió de precalentamiento, porque en esta carrera le toca a una lidiar con muchos hombres", reflexionaba años más tarde.

Para encontrar el lado más femenino de Shakira había que ir a su casa. En su cuarto sí, jugaba a las muñecas como cualquier niña de su edad. Y mientras creaba en su mente las historias por las que transitaban sus muñecos, su padre recreaba otras historias. Como buen amante de la música y de las letras, don William se pasaba gran parte de sus días sentado frente a la máquina de escribir fabricando cuentos y poemas. Y aunque él estuviera en su mundo, Shakira lo observaba sin perder detalle. "La imagen de él escribiendo fue tan fuerte", contó Shakira de grande, "que yo quería ser como él". Así fue como empezó a imitarlo, primero en lo gestual y luego en lo mental: al poco tiempo de aprender a escribir, la diminuta Shakira se encerraba en su cuarto, entre osos y muñecas, y escribía trozos de poemas que después les leía a sus padres.

Además de ver a su padre escudriñando su mente en busca de ideas y palabras, Shakira se nutría de las historias contadas por su madre cuando era pequeña, y de los cuentos que ella empezó a leer apenas pudo. Su primer libro, recuerda, fue *La isla del tesoro* de Robert Louis Stevenson, un regalo de su padre que quién sabe las fantasías que habrá despertado en su mente aventurera. Sin embargo, el libro que Shakira menciona más a menudo es *El profeta*, del libanés Kahlil Gibran, porque, según ella, dejó una huella más profunda en su espíritu. Y un tercer libro que también la marcó fue, y sigue siendo, la Biblia. Y no sólo por haberla oído nombrar en el colegio: Nidia se encargó de leerle los Evangelios y de influenciar a la niña en su lectura.

Acompañando a las historias de estos primeros libros, en su casa sonaban los discos que la estimularían más tarde en su carrera. Además de la música árabe de su padre, ella escuchaba a Donna Summer y a Miguel Bosé. De este último, no sólo admiraba su voz. "Era como mi amor platónico", confesó más tarde. Le encantaban las letras de sus canciones, y sentía ese enamoramiento que inspiran los intérpretes cuando llegan con sus canciones al corazón de quien las escucha.

Así creció Shakira: en una habitación llena de Barbies y osos de peluche, con una guitarra y una pelota de voleibol. En un rinconcito de ese mismo dormitorio se había armado algo así como su lugar de trabajo, con una sillita y una mesa, para sentarse cómoda a componer poemas. Desde los cuatro años, sus horas transcurrían entre el colegio de monjas, la playa y las fiestas, entre la calle, su casa y las de sus amigas, y rodeada de ese olor costeño mezcla de brisa salada y piña madura. Entre la arena y el mar, y frente a un horizonte anchísimo que un día saldría a conquistar.

Descubriendo su vocación

"Eran unas monjas vanguardistas, dentro de lo que su ambiente les permite..."

Aunque a los dos años Shakira sabía ya el abecedario y a los tres podía escribir algo más que su nombre, las leyes educativas no la dejaron comenzar la primaria tan temprano. Pero apenas cumplió los cuatro años, una traviesa e inquieta personita empezó el preescolar en una de las instituciones más prestigiosas de la ciudad.

La Enseñanza de Barranquilla, un colegio tradicional de la ciudad, fundado y administrado por monjas misioneras de la compañía de María, significó para Shakira no sólo aprender matemáticas y geo-

grafía, sino comenzar a educarse en la fe católica, una piedra fundamental en la formación de la artista. En estos claustros, entre clases
de religión y de artes plásticas, entre números y vocales, el pequeño
terremoto comenzó a descubrir aspectos de su personalidad que no
conocía. O mejor dicho, que nadie conocía.

Por su escasa estatura, Shakira era siempre la primera de la fila. Y
eso le encantaba, porque a la niña le gustaba llamar la atención, y ésa
era la manera más fácil de lograrla. Pero al poco tiempo de comenzar
las clases, encontró una forma más original y genuina de convertirse
en el centro de interés. Como ella suele contar, la danza fue su primer
contacto con cualquier forma de expresión. "Mi primer encuentro
con el arte fue cuando tenía cuatro años y comencé a bailar la danza
del vientre". Lo curioso es que nadie le había enseñado. "Eso es una
prueba de que la memoria genética existe realmente, porque desde
que tengo uso de razón, tan pronto escucho un derbeque mis caderas
empiezan a moverse instantáneamente, sin hacer mucho esfuerzo".

Este evento, que Shakira cuenta ahora frescamente, dejó a sus
padres y maestros con la boca abierta. Realmente nunca le habían enseñado a bailar la danza árabe, pero el sexto sentido de la artista incorporó lo que habría visto quizás más de una vez en el club árabe al
que asistía la familia. Ese viernes, cuando bailó frente a sus compañeras de colegio, sus maestros y su madre, se enteró de que podía
ser una diva y que hasta tenía una audiencia incondicional. En realidad, tanto le gustó a Shakira mover sus diminutas caderas al ritmo
oriental, que cada viernes hizo religiosamente el mismo número en
un acto cívico que mantenía el colegio. La atracción que tenía el escenario para la pequeña bailarina era incontrolable y, por suerte,
nadie intentó detenerla —aunque hoy reconoce, entre carcajadas,
que ya tenía aburridas a todas sus compañeras.

La verdad era que, más allá de la danza, lo que Shakira buscaba era
llamar la atención. Y cualquier motivo era bienvenido. "Tenía la profunda necesidad de ser escuchada", resumía más tarde.

Aunque sacaba buenas notas en el colegio, nunca fue una estudiante ejemplar. "En el colegio Shakira era juiciosa y disciplinada, pero también despistada", confiaba a *TV y Novelas* María Claudia Manotas, una compañera suya que después se convirtió en fonoaudióloga. María Claudia es otra de las amigas que le han quedado de esta época. "A veces en la clase no ponía atención. Se dedicaba a escribir letras de canciones en el revés de los cuadernos. Aun así tenía buena capacidad para captar todo rápido, porque cuando el profesor la pescaba, ella miraba el tablero y casi de inmediato asimilaba el tema que estaba tratando". Y seguía: "Los recreos eran sagrados para Shakira: apenas sonaba el timbre, era la primera en salir a hacer cola a la cafetería. La recuerdo tomando Pepsi Cola con hojaldre de dulce de leche... Eso sí: le daba mal genio que uno le pidiera".

Por aquella época, la niña que tomaba gaseosa y prefería no convidar soñaba con ser astronauta y trabajar en la NASA. Si bien ya tenía fama de pasar parte de su tiempo en la luna, Shakira era también muy terrenal y estaba atenta a lo que pasaba a su alrededor. Era intuitiva y tenía olfato para los negocios; nunca se moriría de hambre, como quien dice. Don William, que atribuye este talento a su sangre libanese, contó un día: "Cuando era chica hizo un periódico manuscrito, diseñado por ella misma, con chismes del colegio primario. Lo vendía clandestinamente a sus compañeras, hasta que un día una monja la descubrió ¡y le decomisó los ejemplares!".

Si bien esa anécdota describe el sexto sentido que ya estaba desa-rrollando la niña para los negocios, Shakira no sería periodista ni comerciante. Aunque en sus años de primaria nadie podría saber a qué se dedicaría, ni siquiera su madre, que seguía sus pasos más de cerca que nadie. Cuando su hija comenzó a bailar la danza del vientre, Nidia supo que tendría que criar a alguien fuera de lo común. "La niña comenzó obsesionándose con la ciencia, hasta nos hizo suponer que terminaría de investigadora", cuenta Nidia. "Pero después, se encerraba en la alcoba noche y día a escribir cuentos y poemas. Nos engañó de nuevo cuando pensamos haber tenido una hija escritora: descubrí que aquello de la escritura no era sino el primer paso, y que lo que ella había estado escribiendo no eran sino las letras de sus canciones".

De todas formas, que la niña tenía vocación artística, estaba muy claro. La misma sangre de artista que se expresó por primera vez en el baile del vientre, volvió a golpear las puertas de su imaginación cuando aprendió a escribir con cierto ritmo. Por eso de querer imitar a su padre frente a la máquina de escribir, se encerraba en su cuarto con un lápiz y un papel, y escribía. Escribía historias y fabricaba poemas, siempre en el mismo rinconcito que se había armado y siempre con igual concentración. Nadie sabía bien qué era lo que Shakira escribía, pero varias veces, después de horas de encierro, la pequeña autora reunía a sus padres y les leía el poema que acababa de crear. Y ellos siempre la escuchaban.

Shakira admiraba a su padre, y lo imitaba. Pero había algo más en la figura de su padre que ella no podía llegar a comprender. Y esto no tenía que ver con su vocación de escritor, sino con algo mucho más tangible.

Don William usaba unas gafas de sol que además de ser oscuras tenían la particularidad de ser grandes, y para una niña pequeña, más grandes todavía. A Shakira le impresionaba tanto ver a su padre escondido tras esas gafas oscuras, que decidió exorcisar su miedo en una canción. Así nació "Tus gafas oscuras", su primer poema con música. Con la ingenuidad de quien trata de resolver un misterio y encuentra el tesoro escondido por años, Shakira descubrió que podía hacer canciones. "A los ocho años me di cuenta de que la poesía y la música eran el casamiento perfecto", reconoce. Aquel día en que escribió su primera canción, la musa había sido su padre. Pero después de este primer paso, sus musas estaban en la calle, en la vida, en sus reflexiones. A partir de ese primer tema, Shakira encontró la inspiración en muchas personas y acontecimientos, en el amor y, sobre todo, en el desamor.

Después de "Tus gafas oscuras" llegó otra canción, y meses más tarde otra, y luego otra. En la escuela, en la playa o caminando sola por su barrio, descalza y con el uniforme todavía puesto, le nacían las ideas, las palabras y las frases. Luego se encerraba en su cuarto y les creaba una música con la guitarra.

A esa altura, comenzaba a ser obvio que la niña tenía talento y que debía canalizarlo de alguna forma. La intuición de Nidia no había fallado: la niña era una artista. Y sus condiciones no se limitaban a la danza del vientre que ya venía haciendo desde los cuatro años frente a audiencias de diversos tamaños. Aquí es donde el rol de Nidia se hace estructural en el futuro de Shakira: sin dejar pasar el tiempo, ella la llevó a sus primeras clases particulares de canto y la animó para que probara su voz en los escenarios.

Además de la educación y entrenamiento de su voz, Shakira comenzó desde pequeña a amoldar su cuerpo para la escena. Cuando tenía diez años, Nidia la inscribió en una academia de Barranquilla llamada Passarela para hacer su primer curso de modelaje. Allí aprendió a maquillarse, a arreglarse el cabello y a caminar con elegancia. A este curso le siguieron clases de expresión corporal y baile. En esta agencia se hizo amigos y saboreó ese particular ambiente de quienes se entrenan de chiquitos para ser famosos. Fue allí también donde Shakira, quizás por primera vez, descubrió la importancia de la estética. Allí aprendió a hacer sonrisas a la cámara y a cuidar su postura, a fijarse en su atuendo y a cuidar las formas. Quizás desde sus épocas de Passarela le haya quedado la manía, que mantuvo por varios años, de cuidar extremadamente su imagen a la hora de ser fotografiada.

Pero no todo eran lecciones para la pequeña artista. Al terminar su primera década, la niña comenzó a poner en práctica todo lo aprendido entre las cuatros paredes de sus clases. Para la época de Passarela, Shakira ya bailaba danzas árabes en distintos lugares, y sus padres cumplían el rol del mánager. Ellos, pero especialmente Nidia,

se encargaron de incentivarla para que se presentara al primer concurso de canto. Cuando cumplió diez años ganó su primer trofeo, y
desde entonces, no había competencia que Shakira se perdiera, ya sea
en colegios o teatros, ante cámaras de televisión o sin ellas. Siempre
que Nidia o William la pudierar llevar, la niña allí estaba. Y con fre-
cuencia, la niña volvía a casa con algún trofeo.

Este pequeño circuito que Nidia y Shakira comenzaron a recorrer
cuando la niña tenía sólo diez años, fueron las raíces de su carrera.
No sólo porque la pequeña se iba afianzando sobre el escenario y se
descubría a sí misma como artista, sino porque fue en estos concursos y exhibiciones donde conoció sus primeros contactos dentro del
mundo del espectáculo.

Madre e hija recorrían también los pasillos de estudios de televisión, golpeando puertas y haciendo colas para lograr una audición
o una prueba. De acuerdo a quienes estuvieron alrededor de Shakira
en sus comienzos, nadie tuvo tanta fe en Shakira como sus padres. Si
don William fue su guía intelectual a la hora de escribir canciones,
doña Nidia fue su motor espiritual. Fue su perseverancia y tesón los
que le abrieron a Shakira sus primeras puertas. Como dice la artista:
"Mi madre fue la que detectó mis inquietudes hacia el arte y las es-
timuló". Doña Nidia estaba atenta a las inclinaciones de su hija,
primero en la danza, luego en la escritura y, más adelante, en la
música y el canto. Desde el principio, cuando intuyó que tenía una
hija fuera de lo común, la incentivó para que desarrollara sus talentos. Como en aquella parábola de los talentos que figura en la Biblia,
Nidia la estimulaba para que los acrecentara y compartiera. Y eso,
precisamente, es lo que está haciendo Shakira hoy en día.

La primera frustración

Si bien para los Mebarak el talento y la gracia de Shakira eran in-
negables, alguien en el colegio no pensaba lo mismo. Se trataba nada

menos que del maestro de música, un hombre que Shakira recordaría toda la vida. Cuando la niña promediaba la escuela primaria, y ya su interés por el canto era algo por todos conocido, tuvo la oportunidad de integrar el coro del colegio. Sin embargo, a la hora de darse a conocer los nombres de las integrantes, el de Shakira quedó afuera. ¿La razón? Según el maestro, su voz era semejante al "berrido de una chiva" y desentonaba dentro del grupo.

Este episodio afectó mucho a la pequeña. Ese día en el colegio defendió su voz y no dijo nada más, como si le restara importancia. Pero cuando llegó a su casa lloró mucho, se enojó y quedó muy dolida. Su orgullo artístico había recibido la peor puñalada —y recién estaba empezando. Por suerte, si había alguien que confiaba en su talento artístico, eran sus padres. Ellos la consolaron y levantaron el ánimo esa noche. Pero además, Shakira contaba para ese entonces con una virtud que siguió conservando: era decidida. Si bien tenía una voz que podría desentonar en el coro por no tener el mismo timbre que el resto de las niñas, su anhelo era cantar y nadie la iba a detener. Ya le iba a mostrar ella a ese maestro quién era Shakira.

Las clases de canto y modelaje fueron de ayuda a la hora de enfrentar nuevas audiencias, esta vez fuera del colegio. Cuando Shakira se presentaba en concursos infantiles, su voz de vibrato, que tanto disgustaba al maestro de canto, era el centro de atención de todos los jurados. Era la voz original entre las "voces blancas" de niños y niñas de primaria. Finalmente, con toda su pasión y talento crudos sobre el escenario, Shakira ganó su primer gran trofeo local a los once años. Según cronistas colombianas, trataba del galardón que ofrecía el concurso "Vivan los niños", donde Shakira compitió con otros pequeños talentos de todo el país. Lejos de ser un certamen local sin mayor repercusión, éste fue transmitido por la cadena Telecaribe de Colombia a varias ciudades. Y cuando Shakira se volvió a presentar a este concurso los dos años siguientes, volvió a ganarse el primer puesto.

Por esta época también compitió en el concurso de belleza Niña Atlántico, y su carita y gracia le valieron el puesto de virreina.

Durante esos años de éxitos y reconocimientos locales, Shakira nunca olvidó a su maestro de canto. Al día siguiente de cada triunfo, ella llevaba el trofeo a la escuela e, invariablemente, lo pasaba por delante de las narices de aquel maestro que la había rechazado comparando su voz con la de una chiva.

Cuando Shakira comenzó a trascender y ser reconocida fuera del colegio, este maestro le pidió que entrara al coro del colegio. Pero ella, vengativa, le dijo que no. Y finalmente nunca llegó a ser parte de él.

2

EN BÚSQUEDA DEL SUEÑO

"Siempre soñé con las estrellas."

EL PRIMER CONTRATO DISCOGRÁFICO

Con tantos concursos de canto ganados en Barranquilla y ciudades aledañas, apariciones bailando la danza del vientre y actuaciones en colegios, Shakira empezó a hacerse conocida en el ámbito local. Como parte de esta red que comenzó a tejerse a su alrededor, su nombre había aparecido en los diarios, su carita sonriente figuraba en algunas revistas y hasta su imagen había aparecido en televisión más de una vez. Para tener sólo doce años, nada mal.

Además de la experiencia escénica, la niña comenzaba a hacerse un "nombrecito" gracias a su innegable talento y, sobre todo, a su dedicación. En el circuito de teatros para chicos, Shakira conoció a Mónica Ariza, la productora de un grupo de teatro infantil llamado "Los Monachos". Por su profesión, Ariza estaba acostumbrada a ver talentos infantiles, y sin embargo, no dejaba de sorprenderse con el genio y la tenacidad de Shakira, a quien había visto varias veces sobre el escenario pronosticándole siempre un futuro grandioso: la niña ya tenía el carisma y el talento necesarios para llegar lejos. Por eso, cuando se enteró de que un conocido suyo promotor de la discográfica Sony Colombia estaba llegando a la ciudad para difundir unos grupos de vallenato, no dudó un segundo. Lo llamó para insistirle que viera a Shakira. Tanto le habló de las habilidades de esta "niña genio", que componía, cantaba y también bailaba, que el hombre accedió a tomarle una prueba en el hotel donde se hospedaba.

Apenas tener el visto bueno para esta audición poco convencional, Mónica Ariza se comunicó con Nidia Mebarak para aconsejarle que llevara a su hija antes de que el promotor regresara a Bogotá. Ese mismo día, Shakira salió en busca de su destino acompañada de su madre, y llevando consigo un cassette con la grabación casera de sus canciones. Así se presentó ante el ejecutivo de Sony Music, un tal Ciro Vargas, que tanto había escuchado hablar de los talentos de esta joven que estaba curioso por verla. Y cuando la tuvo enfrente, entendió a qué se debía tanta alaraca. Esa tarde, en un pasillo del Hotel El Prado, Shakira cantó a capela una de las canciones de su repertorio y bailó la danza del vientre. Y lo que había arrancado las palmas de su público en los últimos años, terminó funcionando con este hombre desconocido.

Ciro Vargas, el promotor en cuestión, quedó impresionado. Tanto le sorprendió lo que escuchó, que se quedó con la grabación casera y combinó una segunda audición en vivo para Shakira, esta vez frente a otros ejecutivos de la compañía en las oficinas centrales de Bogotá. A los pocos días, Shakira llegaba con sus padres a la capital colombiana para presentar una rutina de canciones con baile en una discoteca, a puertas cerradas, para la plana mayor de Sony Colombia. Como siempre, no faltó su danza del vientre y un tema de cosecha propia. La niña cantó sobre pistas y bailó como ella sabe.

Esta audición fue un éxito. La voz de la niña no era espectacular, ya que "en esa época estaba poco desarrollada", cuenta uno de los ejecutivos que presenció la audición. Pero los ejecutivos quedaron impresionados con su presencia y desparpajo, con su actitud y confianza —las cualidades que delatan a una futura estrella cuando su talento no se ha pulido todavía. Y terminada la audición, el plantel ejecutivo decidió hacerle una propuesta. Unas semanas más tarde, una dichosa barranquillera de nombre árabe estaba firmando, junto a sus padres como mánagers, su primer contrato discográfico cuando aún tenía trece años. Y lo hacía nada menos que con Sony, la discográfica de mayor proyección internacional.

El contrato que Shakira había firmado con Sony Colombia era para grabar tres discos. Para la empresa, éste era un proyecto de bajo presupuesto que no exigía demasiada producción. Sin embargo, siempre supieron que estaban tratando con un diamante en bruto —aunque, a decir verdad, nadie sabía si esa piedra preciosa llegaría alguna vez a pulirse.

MAGIA Y SU PRIMER BESO

En el ocaso de la niñez y con la adolescencia golpeando su puerta, Shakira se convertía en una profesional de la música. Aun con sus años de juventud todavía por venir, ya podía mostrar orgullosa un contrato discográfico. De la noche a la mañana, las tareas escolares comenzaron a alternarse con idas y venidas a ensayos y con reuniones con los productores discográficos. Su amor por la música estaba finalmente trascendiendo en algo material: su primer álbum.

Sony le había ofrecido a Shakira un contrato por tres discos, aunque, como siempre en estos casos, la discográfica tendría en ellos la última palabra. El concepto del primer disco no lo determinó Shakira, pero tenía un estilo que se amoldaba a su personalidad: tenía mucho de balada rosa y algo de música bailable. Acompañando a la pequeña diva habría cuatro bailarines que la apoyarían en todas sus presentaciones. Eso fue una iniciativa de Shakira que la disquera incorporó para la presentación del disco en varias ciudades del país.

Después de una audición se escogieron a los bailarines que la acompañarían, que también debían saber cantar pues harían los coros y voces masculinas. Quedaron seleccionados César Navarrro, Guillermo Gómez, Mauricio Pinilla y Richard Ricardo. Al igual que Shakira, eran todos de Barranquilla y dos de ellos habían pasado por la Academia de Modelaje Passarela. Con ese aire familiar en el ambiente, enseguida se generó un buen clima de trabajo y comunicación entre los cinco.

Apenas seleccionado su equipo, todos comenzaron a tomar clases de baile con dos coreógrafos reconocidos, Gary Julio y Ray Silva, y un par de meses antes de lanzar el disco se iniciaron los ensayos para las presentaciones. Según recuerda uno de los bailarines, César Navarro, quien también fue su galán en el vídeo de "Magia", la pequeña era imparable: cuando todos terminaban de ensayar, Shakira se quedaba hasta más tarde practicando una y otra vez los movimientos o haciendo alguna rutina de ejercicios. "Era muy dedicada, toda su vida fue muy dedicada", comenta César. "Todos los que la conocimos en un principio decíamos: 'uf, esta niña va a llegar muy lejos'. Porque tenía un talento increíble, componía con facilidad... tenía una sensibilidad enorme, cariño, ternura".

Shakira llegaba a los ensayos vestida con ropa cómoda, con shorts y camiseta, o en el uniforme del colegio porque no había tenido tiempo de cambiarse; incluso muchas veces debía seguir estudiando en su casa cuando volvía de los mismos. Pero su energía daba para hacer todo: colegio, ensayos, tarea y alguna que otra clase de canto. La niña estaba viviendo su sueño, y nadie la iba a despertar. Estaba feliz. Después de casi tres meses de preproducción, trabajando con las canciones y ensayando coreografías, se grabó *Magia*, un álbum integrado por ocho canciones que había escrito ella misma entre los ocho y los doce años.

Según un ejecutivo de Sony Colombia, el proceso de grabación fue sencillo y sin inconvenientes, aunque también confiesa que Shakira era muy cabezadura y bastante caprichosa. Para la pequeña artista, en cambio, el proceso fue una lucha, porque a la hora de definir los ritmos y las canciones, sentía que no era tenida en cuenta. Todo lo que fuera producción artística del material se resolvía fuera de sus narices, cosa que a ella la disgustaba. Shakira había escrito las canciones, o al menos en un principio así fue, pero cómo se acondicionó el material, sólo ella lo sabe. La realización artística del álbum estuvo completamente a cargo de los productores, Miguel E. Cubillo y Pablo Tedeschi. Según las declaraciones de éste ultimo a la revista *Semana* de Colombia, Shakira era como una adulto en cuerpo de niño. "Aunque todavía estaba bajo el control de la casa disquera ya sabía lo que quería", le confió a la revista.

Con *Magia*, que contaba desde el comienzo con un bajo presupuesto, Shakira obtuvo un primer buen trabajo que mostraba claramente su indiscutible potencial. Como un reflejo de sus experiencias preadolescentes, los temas de sus canciones iban desde un poema a su Príncipe Azul, en "Sueños", hasta una celebración al baile, en "Esta noche voy contigo". En este primer repertorio, Shakira pasaba por todo el catálogo de emociones que invaden a una niña pequeña enamorada por primera vez. Menos en "Tus gafas oscuras", en todas las canciones le habla a ese hombre—Príncipe Azul del que estaba enamorada.

Estos temas contienen la frescura de sus primeras experiencias con el sexo opuesto, la influencia de los cuentos de aventuras que le había regalado su padre y los sueños de la niña costeña que todavía era.

Durante la preproducción de este primer disco, Shakira estaba descubriendo el amor. Y ya no se trataba del amor platónico que sentía por Miguel Bosé: ahora estaba noviando con un vecino y podía sentir en carne propia lo que cantaba en sus canciones de amor. Óscar Pardo, que vivía en la acera de enfrente, fue su primer novio y, quizás, el inspirador de "Magia" (o por lo menos eso piensa él).

Óscar Pardo era dos años mayor que ella; tenía quince. Cuentan los cronistas colombianos que él estaba completamente enamorado de Shakira y la estuvo cortejando durante dos meses hasta conseguir el sí. El momento de la aceptación fue sellado con un beso, el primer beso de la cantante. Desde ese día, siempre se los veía juntos en las fiestas y en la playa. Salían a bailar, a cenar, a jugar voleibol. Vivían con la liviandad de dos niños enamorados por primera vez. Ella tocaba la guitarra, y él la escuchaba... Según cuenta él, ella le había confesado su sueño de convertirse en cantante profesional.

Si bien la relación terminó al año siguiente, la cantante recuerda a Óscar con cariño. Tal es así que su casa es otra de las que Shakira visita cuando pone un pie en Barranquilla.

La magia recién empieza

Con esa energía vibrante y sueños frescos de su preadolescencia nació *Magia*. El disco llegó al mercado cuando Shakira tenía catorce años, cabello crespo y cuerpo de niña. Aunque el disco no fue un éxito de ventas—según cronistas colombianos vendió menos de mil copias—la experiencia de hacerlo fue invalorable en varios sentidos. En primer lugar, le permitió a la artista entrar al mundillo que se esconde en la realización de un disco —un universo complicado, machista y con leyes propias. Digamos que grabar un álbum no era lo mismo que componer canciones, y Shakira lo pudo comprobar a una tierna edad. Como la artista recordaría más adelante cuando le preguntaron si se había sentido discriminada alguna vez por ser mujer: "Sí, pero no sólo por ser mujer, sino por mi edad. En un momento de mi vida estas dos cosas se juntaron y fueron un obstáculo. Si te tropiezas con una chica de trece años, con menos de 5', 2" de estatura, que quiere opinar, que quiere tener a cargo de ella una producción discográfica, y te encuentras con un ejecutivo de saco y corbata, de cuarenta años y con diez en la compañía...".

Magia se lanzó en junio de 1991. Se presentó al mercado en el teatro Amira de la Rosa, el más importante de Barranquilla, a sala llena, ante una audiencia de aproximadamente ochocientas personas, cuenta César Navarro. Había prensa, radio y cobertura televisiva. Lejos de estar nerviosa o ansiosa, el bailarín afirma que Shakira estaba feliz, exultante y radiante. Estaba del mejor humor y su buena energía inundó el escenario apenas entró. Había trabajado tanto y tan minuciosamente, que no se podía pensar que habría error alguno. Y efectivamente, todo salió como estaba planeado: la coreografía, las voces y los trajes... el debut fue un éxito. Como casi siempre, Shakira vestía de negro y dorado, con botas y varios brillos. Delgadita y con su cabello crespo, se movía suelta por el escenario y bailaba con sus compañeros de grupo como si fuera la pequeña "diva" de la canción.

Con un show muy similar se presentó luego en varias ciudades de la costa atlántica como Cartagena, Santa Marta y Riohacha, y otras ciudades del interior como Medellín, Cali y Bogotá, entre otras. Viajaron por varios pueblos y se presentaron en distintos eventos, festivales y teatros.

Como profesionales que eran, cada noche antes del show Shakira y sus bailarines revisaban la coreografía y el sonido. Y aun cuando no se presentaban en ningún lugar, ellos se juntaban con el coreógrafo para ensayar prácticamente todos los días. Shakira ya demostraba ser muy obsesiva en sus movimientos y los practicaba una y otra vez incansablemente. Y lo mismo hacía con sus canciones.

Según César Navarro, trabajar con Shakira era divertido y relajado. Era muy cómodo estar con ella, no sólo en el escenario, sino también fuera de él. Ella tenía la costumbre de conversar con todos para asegurarse de que estuvieran contentos y que no les faltara nada. Pero además, cuando alguno tenía un problema personal, ella se ponía a escuchar, analizar y dar consejos. "Ella es así, siente los problemas de los demás como suyos", dice el bailarín y actor. Él la recuerda como un ser muy sensible y lleno de buena energía: "Era una trabajadora incansable, pero así todo, hacer las presentaciones era total diversión".

Pero en estas primeras presentaciones como profesional, su preparación no era sólo física: antes de entrar al escenario se tomaba varios minutos para meditar, en silencio, y rezar. Era parte de su rutina. Primero, todos repasaban el programa, después calentaban la voz, y luego Shakira se retiraba a su camerino, o a un costado del escenario, y rezaba con los ojos cerrados. Varias veces les pidió a sus bailarines que hicieran lo mismo. "Ustedes también, recen, recen", les decía mientras ellos miraban para otro lado, haciéndose los distraídos con una sonrisa. Cada uno se preparaba a su manera detrás de bambalinas, y ésa era la forma que había encontrado Shakira para llenarse de energía y estar en contacto con Dios. Una vez fuera, todo era magia.

Además del vídeo de la canción "Magia", que aparecía en programas de música de Colombia y Venzuela, Shakira y sus bailarines habían grabado un vídeo promocional para Santa Marta, el balneario turístico, que se llamaba "Esta noche voy contigo a bailar", difundido en la aerolínea local.

Más allá de las magras ventas del disco, los shows de Shakira con sus bailarines eran casi siempre a sala llena y la audiencia invariablemente terminaba bailando. Hasta llegaron a enloquecer al auditorio más de una vez, literalmente, según cuenta César. Cuando se presentaron en Riohacha, por ejemplo, haciendo el número principal dentro de un festival intercolegial, Shakira, Nidia y los cuatro bailarines terminaron el show corriendo por los pasillos del colegio tratando de escapar de sus fans que querían abrazarlos y besarlos. Recuerda César que después de correr como media hora, debieron encerrarse en una de las aulas, pero era tal el descontrol, que las niñas terminaron tirando la puerta abajo. Y esto que ahora le causa risa fue en ese momento un gran susto: como el calor era sofocante, Nidia, que estaba sentada en un banco de escuela, terminó desmayándose dentro del aula, y Shakira hacía lo que podía para ayudarla a recobrarse.

Finalmente, llegó la policía, y Shakira, Nidia y los bailarines se retiraron del colegio, arañados y mordidos, pero enteritos gracias a la ayuda de un cordón policial.

Algo similar les sucedió cuando se presentaron en Maicao, donde cantaban en un escenario accesible a la audiencia. Un hombre se acercó a Shakira para entregarle unas flores y darle un beso. Al rato, otro hombre algo borracho la abrazaba y no quería soltarla. Ella se asustó mucho y no sabía qué hacer. Ni siquiera podía llevarse el micrófono a la boca porque su brazo estaba inmóvil bajo el abrazo cargoso del borracho. Miró a sus bailarines sorprendida y asustada, como diciendo "¿qué hago?". Finalmente tuvieron que intervenir los bailarines para poder salvar a la menudita cantante de los brazos de aquel fanático y de otros que comenzaron a acercarse. Tanto revuelo se armó que debieron retirarse a los camerinos sin poder terminar la función.

En esta época, Shakira era conocida en los ámbitos estudiantiles, y donde fuera que se presentara ya tenía un público que la conocía y cantaba sus canciones. *Magia* fue su carta de presentación en el mundo de la música, aunque en ese momento fuera sólo un mundo pequeño. Entre otras cosas, era reconocible en la radio o en televisión porque no había muchos jóvenes de su país haciendo ese tipo de pop bailable que ella hacía. Casi toda la música pop provenía de solistas o bandas extranjeras, principalmente estadounidenses.

Gracias a este primer disco, Shakira fue artista invitada a toda una serie de celebraciones locales, como el Festival de la Canción de Buga, en 1991, y el show central en la Elección de la Niña Bolívar en Cartagena, en 1992. Entre sus primeros festivales internacionales, ese año también participó en el Festival de la Independencia Cubana en Miami.

También gracias a *Magia*, Shakira ganó sus primeros reconocimientos importantes, como el Premio Cantante Revelación de Barranquilla en 1991 y el Premio Superestrella de Oro al año siguiente.

QUINCEAÑERA

Cumplir quince años, en todo Latinoamérica, es dejar de ser niña para pasar a ser señorita. Y como es tradición, ese cumpleaños se festeja con una gran fiesta: entre otras cosas, hay una gran torta, y la homenajeada se viste de blanco y en algún momento baila el vals con su padre... Bien, Shakira no tuvo todo esto, pero sí tuvo una fiesta de quince a su medida.

Dentro de la pompa que suelen tener las quinceañeras, la de la niña fue sencilla. El 2 de febrero de 1992, Nidia y William alquilaron el salón de baile de un hotel de Barranquilla, e invitaron a todos los familiares y amigos de Shakira, incluso la gente del espectáculo que trabajaba con ella. A la fiesta asistieron, por ejemplo, su promotor, su coreógrafo y sus bailarines, que para esa época ya eran como parte de su familia. No vistió de blanco. En cambio estaba radiante y elegante, pero cómodamente ataviada para poder bailar y disfrutar de la fiesta como una invitada más.

A sólo un año del lanzamiento de *Magia*, Shakira obtuvo el mejor regalo de quinceañera que podía recibir, aunque no hubiera sido el mismo día del cumpleaños. El jurado de su país la eligió para representar a Colombia en el Festival OTI de la Canción (Organización de la Televisión Iberoamericana). Este festival convoca a un representante de cada país de habla hispana para competir como artistas promisorios con una canción. El jurado está conformado por conocidos artistas y gente de la industria, y en general, el festival es una muestra de nuevos talentos que luego alcanzan reconocimiento internacional.

Pero Shakira nunca llegó a ser parte del Festival, que ese año se realizaba en España. A la hora de completar los formularios, la cantante no tenía todavía los dieciséis años reglamentarios para participar. Eso no opacó, sin embargo, el buen sabor de boca que le significó aquel reconocimiento dentro de su país.

Incertidumbre, el peor de los peligros

Si los primeros quince años de vida le habían dado a Shakira una muestra de lo dulce que el estrellato podía ser, el próximo año se encargaría de enseñarle que el camino del artista no siempre es tan fácil. Al año y medio de haber lanzado su primer disco, Shakira debió comenzar la producción del segundo, un proyecto para el que Sony Colombia tenía mayores expectativas, ya que, aunque *Magia* no hubiera sido un éxito de ventas tenía gran aceptación en las estaciones locales de radio radio y había demostrado el potencial que tenía la cantante.

Para una adolescente que había saboreado lo que significa tener todo el poder sobre el escenario y había aprendido a liderar con maestría a su grupo de bailarines, la experiencia de volver a un estudio de grabación fue desastrosa. Su independencia artística ya no existía. Ahora ya no era ella quien llevaba el timón, y tampoco tenía enfrente a una audiencia dándole su aprobación. Más bien, todo lo contrario.

La decisión de salir con un nuevo disco en ese momento no era de Shakira sino de su casa discográfica. Para Sony era importante crear nuevos temas, y entre ellos algún hit, que hiciera crecer la pequeña audiencia que ya se estaba formando la artista. La realización de este segundo álbum, esta vez producido por Eduardo Paz, fue quizás una de las experiencias más frustrantes en la carrera de Shakira.

Después de duros meses entre la sala de grabación y la mezcla de sonido, después de idas y venidas con ideas poco convincentes para Shakira, el producto final resultó ser un álbum desparejo, con ocho temas que no conformaban a la artista. Sony Colombia, que aparentemente sí quedó satisfecho con el disco, lo describía en la gacetilla de prensa como "un álbum espectacular, con una concepción muy norteamericana de baladas". Y continuaba "con letras profundas y directas, llenas de magia y poesía, y una búsqueda de sonidos que mezclan guitarras rockeras, pianos acústicos y saxos a lo Kenny G.". Este segundo disco tenía letras de Shakira y de otros compositores, había incluso un tema de Eddie Sierra, autor de "El amor mi vida", un tema que Ricky Martin cantaba en su primer álbum solista. La oficina de prensa de Sony destacaba el tema "1968" de Shakira, "donde (la artista) hace un análisis de lo que sucedió en la primavera de Woodstock, los hippies y los hechos que sacudieron al mundo hace veinticinco años". Pero Shakira no estaba tan contenta; de hecho, quedó tan disconforme con el resultado final, que decidió no promover el disco, según la revista *TV y Novelas*.

Como una ironía del destino, este disco se terminó llamando *Peligro*. Y, alegóricamente, este trabajo puso en jaque su incipiente carrera. Ahora, no sólo su primer disco no había logrado el éxito de ventas que se esperaba, sino que el segundo ni siquiera tendría a Shakira llevándolo a las principales ciudades junto a sus bailarines.

Como resultado de esta decisión, se acabaron los ensayos y las presentaciones en vivo. No más vídeos y no más trajes con lentejuelas. En cambio, quedó el sabor amargo de un disco que había muerto al poco tiempo de haber nacido.

Aunque la artista no presentara *Peligro* en vivo y, según la revista *TV y Novelas* de Colombia, le hubiera pedido a Sony que no lo promocionara, la disquera lo había enviado a las emisoras de radio, y después de varios meses, el tema "Tú serás la historia de mi vida" seguía sonando en algunas estaciones locales de radio. Pero fuera de este tema, el disco pasó a la historia sin mayor gloria y con sólo mil copias vendidas.

"Acepto los retos sin mirar atrás", decía Shakira años más tarde. Y nada refleja tan claramente esta filosofía de vida como el manejo que hizo de su carrera en los momentos difíciles, cuando a principios del '93 la popularidad no era todavía su gran aliada. Ese mismo año en que llegaba al mundo el poco querido *Peligro*, la artista fue invitada a participar en uno de los concursos más populares en América Latina, el Festival de la Canción de Viña del Mar. Celebrado cada año en el pueblo costeño del norte de Chile, el festival sirve para darle difusión a los nuevos talentos de la canción hispana y portuguesa. Valga recordar que hay también un mal agüero que acompaña este festival, pues cuenta la historia que, generalmente, quienes ganan este concurso tienen una carrera cortísima que se acaba después del primer disco.

Shakira llegó a Viña del Mar en febrero de 1993 para competir con la canción "Eres", un tema incluido en *Peligro*. Esa noche ventosa del verano austral, una joven pero decidida colombiana cantó en Chile ante las cámaras de televisión que llevaron su imagen por todo el continente. Bajo una noche estrellada, deslumbró al público con su voz y convenció al jurado de que su talento llegaría lejos: al terminar el concurso, Shakira recibió llevando el tercer premio de este competitivo certamen. Había vencido en Viña del Mar, le había ganado a la cábala del primer puesto, y había conseguido salir victoriosa con un tema de cosecha propia. Y como si esto fuera poco, era nombrada también Reina del Festival. Todo el mismo día.

Entre los miembros del jurado se encontraba un joven talento llamado Ricky Martin, que en ese momento tenía veinte años, y que movilizado por la voz de la colombiana la había votado como favorita.

Al día siguiente, Shakira volvía a su país con la satisfacción de quien ha ganado una batalla decisiva. Con ella, como prueba, traía el primer gran trofeo internacional de su carrera: una flamante Gaviota de Plata. Con alegría, y seguramente con cierto sabor a revancha, Shakira volvía a refregar sus reconocimientos en las narices de cualquiera que se atreviera a dudar de ella. Como en años atrás, debía ir fuera de su círculo para que su talento fuera reconocido. Y como en el pasado, ese pequeño círculo estaría luego a sus pies.

3

CONSTRUYENDO ALIANZAS

"Se cierra una puerta, se abre otra." —*Shakira durante un concierto*

Cuando en febrero de 1993 Shakira aterrizaba en Bogotá proveniente de Santiago de Chile, con su Gaviota plateada bajo el brazo, pocos sabían quién era la sonriente joven de pelo largo y porqué había tantos periodistas esperándola. Quizás porque ese era el primer premio significativo en su corta carrera, el que la acreditaba como una de las cantantes más prometedoras de su país.

Pero ese año, pocos la verían sobre un escenario. Shakira había decidido tomarse un respiro que la alejó durante casi un año del ambiente artístico. Se refugió en el colegio para terminar la secundaria y resolver entonces qué haría con su carrera. Después de todo, el trofeo no podía revertir la amargura que había dejado el fracaso artístico que significó *Peligro*. Tenía que pensar bien cómo daría el próximo paso dentro de la industria, pues el siguiente disco podría ser tranquilamente el último de su existencia.

Comenzó el año escolar con todas sus neuronas en el estudio para poder obtener su diploma cuanto antes. Era su último año y, como para Shakira el estudio nunca fue un problema, no tardó en alcanzar la meta. Para diciembre de ese año, y sin mayores contratiempos, la cantante se recibió de bachiller y quedó libre para volcarse de lleno a sus metas artísticas. Nadie pudo evitar que saliera corriendo tras su sueño, que en esencia no había cambiado nada: ser una cantante famosa. Y quienes estaban a su alrededor en esos tiempos sabían que condiciones no le faltaban.

Además del estudio, Shakira tuvo tiempo libre para salir con sus amigas, ir a la playa y jugar al voleibol. Fue en uno de estos partidos que conoció al que le robaría el corazón por segunda vez. Como aquel vecino de enfrente, este nuevo amor se llamaba Óscar y era mayor que ella.

Óscar Ulloa y Shakira se conocieron cuando ella estaba terminando el colegio y él era ya un estudiante universitario. Cuentan las revistas del corazón que él quedó cautivado con su belleza y tuvo el valor de hacérselo saber. Muy galantemente, la invitó a salir, y Shakira no dudó en aceptar. Le dio el número de teléfono y esperó que la llamara... pero él la hizo esperar. Y eso quizás cautivó a Shakira aún más. Se comunicó a los pocos días, salieron a comer, él se le declaró y ella aceptó. El romance que comenzó en Barranquilla siguió en Bogotá, donde Shakira se fue a conquistar su sueño y Óscar a seguir con su carrera universitaria.

La perseverancia: su primera aliada

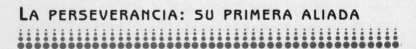

"Al despertarme, mi primer pensamiento es que me dejen dormir cinco minutos. Es en lo único que pienso, en cinco minutos más."

Cuando Shakira terminó el colegio, mucha gente a su alrededor, incluso sus promotores y los ejecutivos de Sony, le venían insistiendo que su lugar estaba en Bogotá, el centro de toda actividad musical, y donde se toman las decisiones finales en prácticamente cualquier área de la industria colombiana. Aunque Shakira estuviera triste por tener que dejar su ciudad, su barrio y su gente, no precisaba de ninguna explicación para saber que debía mudarse a la gran ciudad si quería triunfar.

Barranquilla le estaba quedando chica para sus sueños de estrella. Intuía que el destino le tenía preparado un buen lugar y sabía que ese sitio no estaba precisamente en una casa cocinando y cuidando niños. Apenas sus manos tomaron el ansiado diploma de bachiller, hizo las maletas y se mudó con su madre a Bogotá.

Nidia y su hija llegaron a la capital y alquilaron una habitación pequeña en una pensión universitaria. Lo primero que hicieron fue presentarse en los estudios centrales de Sony Colombia para comunicarles su nuevo domicilio y ponerse a su disposición. Lo segundo fue comenzar a conseguir prensa. Las dos se movieron para que Shakira pudiera salir en alguna nota de diario o revista, por pequeña que fuera. Lo tercero que hizo la barranquillera fue inscribirse en un gimnasio... Estar en la capital sin trabajo no la iba a privar de tener sus horas de ejercicio físico con las que había crecido hasta entonces.

Después de llamar y presentarse a varios medios, la revista *TV Guía*, que después se convertiría en *TV y Novelas*, le dio una entrevista a la cantante. Ese fue un pequeño gran logro para Shakira, no por el artículo que después apareciera impreso, sino por la relación que comenzó a nacer entre Shakira y la revista de la farándula. La directora del medio, Omaira Ríos, quedó impresionada con la cantante, a quien ya conocía por su triunfo en Viña del Mar el año anterior. Tan buena impresión había causado en ella, que se animó a recomendársela como clienta a su amiga María del Rosario Sánchez, una periodista que había llegado a Bogotá hacía poco tiempo y que, como Shakira, se estaba abriendo camino en la capital. Sánchez se convirtió así en su primera jefa de prensa.

"Tocamos muchas puertas en los medios. Rogábamos quince días para que saliera una nota de diez segundos en televisión, o de cinco renglones en un periódico. Pero ella tenía toda la disciplina del mundo y sabía muy bien lo que quería", recuerda Sánchez, quien durante dos años asesoró a la artista en su imagen y relación con los medios.

Esos primeros meses fueron de mucho movimiento y aprendizaje para Shakira, a nivel emocional y laboral. Ahora estaba sola en una gran ciudad donde la única cara familiar era la de su madre. Atrás habían quedado su padre, sus amigas del colegio, los chicos del barrio, los bailarines, la playa... Ahora estaba viviendo en un ámbito con otra concepción del tiempo y de la vida.

Como buena barranquillera, Shakira se fue adaptando a su nuevo entorno, sin perder el buen humor, sin desanimarse, y manteniendo siempre claro su objetivo. Y como suele sucederle a esta perseverante artista, la buena fortuna no tardó en tocarle el hombro. Al poco tiempo de haber obtenido su primera nota y sin haber pasado en Bogotá siquiera medio año, la llamaron de la producción de una serie de televisión que estaba por comenzar a producir el y a desaparecido Grupo Cempro Televisión. La prueba de cámara fue breve, y a los pocos días Shakira estaba firmando su primer contrato en la nueva ciudad. No era como cantante, sino como actriz. Aunque no una actriz cualquiera: su papel era el protagónico en una telenovela llamada *El Oasis*, donde se convertiría en la niña rica enamorada del hombre equivocado. Para comenzar, nada mal.

Este primer trabajo fue como maná del cielo. A partir de allí se acabaron sus problemas de dinero y pudo alquilar con su madre un departamento más grande. Pero este papel protagónico no cambió su vocación: su corazón, pasión y mente seguían dedicados a la música.

Según María del Rosario Sánchez, Shakira vivía pendiente de sus canciones, desde que se levantaba hasta que se acostaba. Tomó clases de canto, trabajó su voz y técnica de respiración y aprendió a tocar la flauta. En sus ratos libres escribía o sacaba melodías.

Tanto se enfrascaba Shakira en su música que a veces se hacían las dos de la mañana y ella seguía escribiendo, aun cuando tuviera que levantarse temprano al día siguiente para ir a grabar los episodios de la novela. Y entonces, despertarla por las mañanas podía ser era una de las tareas más difíciles en este mundo. Sánchez todavía recuerda algunas de las grandes "peleas" que tenía con Shakira por las mañanas, porque "despertarla era un karma, no había quién la sacara de la cama".

La televisión: una aliada inesperada

En la telenovela *El Oasis*, Shakira se convertía, de lunes a viernes, en Luisa María Rico, una joven buena y noble, de familia adinerada, perdidamente enamorada del hombre equivocado. Como en una tragedia shakesperiana, Luisa María y Salomón Perdigón (Pedro Rendón) se amaban con locura, pero los padres de ambos, hermanos mellizos, se odiaban a muerte desde que el padre de ella se había apoderado de toda la fortuna familiar dejando a su hermano en la mayor de las pobrezas. Derribando todas las barreras y odios familiares, Luisa María y Salomón terminan demostrando que el amor es más fuerte que el odio y se casan.

La telenovela no alcanzó altos niveles de audiencia, pero esos puntos de rating fueron suficientes para que la imagen de Shakira entrara a cientos de miles de hogares que seguían las aventuras de Luisa María y Salomón. Además de su exposición en la pantalla chica, Shakira aprovechó su protagónico en la televisión para promover su presencia en otros eventos y celebraciones que la solicitaban, por ejemplo, para hacer tomas fotográficas en revistas de moda.

Aunque durante los meses que duró la telenovela Shakira se mantuvo lejos de los escenarios, nunca dejó de escribir. Y no sólo lo hacía por las noches. El set de grabación estaba a cuatro o cinco horas de Bogotá, prácticamente en medio del desierto, en un lugar ideal para retirarse y estar en contacto con la naturaleza. Eso hacía, precisamente, la joven poeta cuando se podía escapar de las inmediaciones del set. Una de sus compañeras de reparto, la actriz Xilena Sicardi, recuerda que en sus momentos libres Shakira desaparecía. Y si la buscaban podían encontrarla alejada del bullicio, escribiendo. "Siempre estaba pensando en componer una canción o arreglar alguna que ya tenía", cuenta la actriz.

Otra cosa que Shakira hacía con devoción era leer, y no sólo libretos del día. En cada viaje que hacía la acompañaba un libro, ya sea de autoayuda y crecimiento personal o de algún autor latinoamericano, literatura que en esa época eran su lectura favorita. En lo musical, las canciones de Nirvana eran un clásico en los oídos de la joven actriz.

Pero su aventura televisiva fue corta. Su paso por la pantalla chica terminó junto al último capítulo de *El Oasis*. Después de pasar casi un año estudiando líneas y grabando escenas, Shakira decidió darle un corte abrupto a su incipiente carrera. Había probado lo que significaba ser actriz y trabajar en televisión. Había probado lo que era dar besos ficticios, llorar por un amor no correspondido y hasta casarse. Aunque no le gustaran las escenas de besos, Shakira era una profesional y cumplía con su rol. Pero a la hora del balance, sus deseos de cantar y de componer canciones pudieron más que un buen sueldo a fin de mes.

En este mismo balance, *El Oasis* le había permitido ampliar su red de contactos y "quemar prensa", como dicen en el medio artístico. Después de ese año de trabajo conocía a muchísima gente en el ambiente artístico y, muy importante, en la televisión, el medio electrónico que sería su gran aliado en el camino a la fama. Fue durante este único paso por el medio que conoció a Patricia Téllez, que en ese momento ocupaba un cargo de directora de proyectos especiales en Caracol Televisión. Por medio de Téllez, Shakira se convirtió en artista exclusiva de la emisora, en esa época el canal de mejor calidad artística y el que pertenecía a uno de los dos grupos económicos más poderosos de Colombia: el Grupo Santodomingo.

Y para terminar este balance del año 1994, quienes nunca habían escuchado cantar a Shakira, ahora por lo menos reconocían su nombre y conocían su cara. Y para una cantante pop, eso significaba tener la mitad del camino recorrido.

LA DIETA: UNA ALIADA QUE TARDÓ EN LLEGAR

"De mi cuerpo no cambiaría nada; todo lo que tengo, mis piernas, mis caderas, mis dedos, hasta el pequeñito del pie, y mis uñas mal recortadas me han acompañado por mucho tiempo."

Shakira nunca tuvo problemas con su físico (o al menos eso dice). De pequeña siempre fue delgadita y atlética, y a la hora de bailar tenía pleno dominio de su cuerpo. Sin embargo, durante ese primer año haciendo prensa en Bogotá se enfrentó con algo totalmente nuevo para ella: la necesidad de agradar a los editores de las revistas, que, como sucede demasiado a menudo, quieren ver a sus modelos delgaditas y sin carnes de más.

Enfrentarse con esta obsesión que tienen las revistas por los cuerpos anoréxicos no fue una tarea fácil para Shakira. Una de sus grandes debilidades eran los chocolates, y más específicamente "las chocolatinas". Hasta tal punto era una aficionada a este dulce manjar, que su jefa de prensa debió pactar con ella un acuerdo por el cual la niña tendría todos los días su ración de chocolate, pero sólo la porción que Sánchez le diera y nada más. La adicción de la artista por los chocolates se convirtió así en el segundo motivo de "peleas" con su jefa de prensa. Estas "peleas", vale aclarar, nunca fueron agresivas ni violentas. No había gritos ni palabras fuertes, pero para Sánchez era un verdadero dolor de cabeza hacerle entender a Shakira que debía cuidar su figura todos los días si quería seguir una carrera en el mundo del espectáculo.

Muchos medios comentaban lo gordita que estaba Shakira, recuerda Sánchez. Y Shakira, seguramente, también lo había escuchado. Pero, ¿cómo haría ella para cambiar los hábitos alimenticios de la artista y revertir una dieta tan acostumbrada a la comida frita, grasosa y picante? Uno de los grandes placeres de Shakira, ella misma lo dijo, era comer. Y entre sus platos preferidos se ubicaban los mariscos, los patacones y la comida árabe, todos alimentos ricos en grasas. Además, le encantaba tomar gaseosa. "Se podía tomar un litro de Coca Cola con hielo", recuerda Sánchez. Para hacer el tema de su dieta más difícil, don William no opinaba igual que las revistas. Él veía a su hija "demasiado flaca" y le daba vitaminas, lo cual exasperaba a Sánchez porque, según ella, Shakira no precisaba ningún complejo vitamínico.

En plena adolescencia y con tantas novedades en su vida, la niña debió enfrentar otro cambio en su rutina: el de su alimentación. Pero el tema de la dieta nunca le quitó el sueño. En lugar de ser drástica, como hacen desgraciadamente muchas adolescentes obsesionadas con su figura, Shakira hizo algunos ajustes claves en su dieta, y con eso se dio por satisfecha. Según cuenta su antigua jefa de prensa, la artista empezó a reducir el consumo de harinas y chocolates, y dejó de tomar gaseosa. Esos pequeños cambios en la calidad de su alimentación provocaron un cambio sustancial en la imagen de Shakira, que fue afinando su rostro y reduciendo su cintura. Por otra parte, ella nunca dejó de hacer gimnasia, por lo que quemar calorías y mantener sus músculos tonificados no fue tan difícil.

Seis años más tarde, Shakira seguía aprendiendo sobre nutrición y, sobre todo, había aprendido a escuchar a su propio cuerpo. Refiriéndose a su alimentación comentaba: "No hago dieta, pero a partir de las cinco de la tarde le digo que no a todo tipo de harinas. Por fin entendí que a partir de esa hora mi metabolismo se vuelve más lento".

De su corto paso por la pantalla chica le quedó, además de estas lecciones de estética, un premio... aunque no precisamente el más esperado. Concluyendo el año '94, la joven revista *TV y Novelas* decidió festejar su primer año de vida inaugurando el concurso "La Mejor Cola de la Televisión", básicamente una competencia de nalgas de celebridades, y le pidió a Shakira que se presentara. A pesar de que muchos a su alrededor le aconsejaron no hacerlo, Sánchez pensó que sería una buena forma de "quemar" prensa. Shakira terminó aceptando con la sola condición de que no la fotografiaran en bikini. Para que los lectores pudieran ver su cuerpo y poder entonces votar por ella, se acordó que la artista usara shorts. El buen físico de Shakira hizo que terminara entre las finalistas junto a una modelo profesional. Los lectores terminaron votando mayoritariamente el derriére de Shakira, quien finalmente no tuvo más remedio que acceder al pedido de la editorial y ser fotografiada en bikini, por única vez, para la portada de la revista. Para una mujer pudorosa como Shakira, que ni siquiera se siente cómoda cambiándose frente a desconocidos en una producción fotográfica, estas fotos fueron un asalto a su intimidad. Finalmente, en la famosa entrega de premios la cantante recibió un galardón... ¡por sus nalgas!

Para la plana editorial de *TV y Novelas*, este concurso le sirvió a Shakira para conseguir una mayor atención del público, pero para la artista éste fue el peor premio que le hubieran dado jamás. Según reconoció más adelante la misma Shakira: "La revista me incluyó, y yo en ese momento no me pude quejar porque creía que debía ser complaciente. Mas ahora que lo analizo, creo que me pasé. No me siento orgullosa de que me hubieran elegido como participante. Creo que es parte de mi proceso de aprendizaje y sé que una cosa así no me volverá a suceder".

Una vez más, como le había pasado de niña con el maestro de música, la seguridad en ella misma y la fe en sus sueños la salvaban de caer en el puesto que querían darle quienes la rodeaban. Shakira siempre supo que además de buenas nalgas contaba con un cerebro prodigioso y un instinto certero, además de una voz excepcional. Gracias a su talento para administrar su carrera, además de hacer canciones supo relacionarse con la gente indicada. Supo conseguir las primeras entrevistas con las revistas de la farándula, y gracias a ellas se ganó su primera oferta en televisión. Supo aprovechar su corta carrera de actriz para captar la admiración de Patricia Téllez, quien un año más tarde se convertiría no sólo en una gran amiga sino en su mánager y consejera.

Estaba probando que a la hora de conocer a sus aliados, su instinto no fallaba. Ese primer año en Bogotá conoció también al hombre que la llevaría al estrellato. Y nuevamente, su instinto no falló.

LUIS FERNANDO OCHOA: SU ALIADO EN LA CREACIÓN

Mientras Shakira desarrollaba su veta actoral, veía cada día con mayor claridad que su sueño verdadero seguía siendo hacer canciones y ser cantante. Tanto lo deseaba, que a la vuelta de la esquina encontró la punta del hilo que la llevaría a su más acariciada meta. Cuando Sony Discos la convocó para que participara en un álbum llamado *Nuestro Rock*, que sería una compilación de temas de varios artistas, Shakira debe haber saltado de la alegría. Ésta era su oportunidad de mostrar cuál era su música y qué podía hacer con su voz, además de repetir las líneas de un libreto. Ahora, sólo tendría que componer "la" canción, ya que de no hacerlo corría el riesgo de que la discográfica usara una de sus canciones del álbum anterior.

Cuando estaba sentada en un bus en movimiento, volviendo de la grabación de la telenovela, y en medio de la nada, pasó por su mente la letra de su tema "¿Donde estás corazón?". La inspiración pasó, pero las frases e ideas quedaron registradas en un papel que la metódica artista tenía cerca. Por suerte.

Cuando días más tarde llegó el momento de agregarle la música a la canción, Shakira conoció a Luis Fernando Ochoa, un productor que había contratado Sony Colombia especialmente para este disco y que, además de ser músico, tenía en su haber la composición de varios *jingles* para televisión. Él sería el encargado de ayudar a Shakira con la música de su tema, y lo mismo haría con otros tres artistas que intervenían en el disco *Nuestro Rock*.

La química que nació entre la cantante y el productor fue dinamita. Y al momento de crear "¿Dónde estás corazón?", la energia de ambos entró en combustión. Ella había traído la letra y él le puso la música. Trabajaron juntos algunos arreglos y a los pocos días entraron al estudio de grabación. Fue un proceso sencillo, divertido y creativo. Shakira había encontrado a un productor que la escuchaba y entendía, alguien con quien crear una canción era un placer y no una tortura. Le había costado aquel *Peligro*, pero aquí estaba frente a ella, por fin, el productor que precisaba.

Para agregarle más magia a este encuentro, "¿Donde estás corazón?" fue un éxito en las emisoras de todo el país. En realidad, fue el único éxito de todo el compilado"Nuestro Rock", y este logro fue mérito de la dupla Mebarak-Ochoa. Las estaciones de radio pusieron esta canción hasta el cansancio, y después de un par de semanas toda Colombia la coreaba.

Este tema la salvó. Como bien sabía la misma artista, su nombre estaba en la lista negra de Sony. Su último álbum había sido un fracaso, y hacía más de un año que no estaba haciendo nada. Y si había un tercer álbum, y no funcionaba, era el fin de su carrera. "¿Donde estás corazón?" fue su tabla de salvación dentro de la industria, el hit que puso la piedra fundamental en su carrera.

Luis Fernando Ochoa, por su parte, ya era un reconocido músico en Bogotá. Hasta entonces, en su carrera se encontraban composiciones para avisos comerciales y bandas de sonido para algunos programas de TV. Había trabajado también para Sony como productor artístico en varias ocasiones, y era, y es, muy respetado dentro de la compañía. Además de su talento musical, "Luisfer" es intuitivo y práctico, una buena combinación dentro de esta industria. Él fue quien vio la "pasta", el nervio, de Shakira tras su imagen de baladista dulce, un potencial que la disquera no podía ver.

Después de más de un año de andar a tientas, Shakira podia vislumbrar la luz al final del túnel. Poco a poco, su camino se iba haciendo más nítido y podía ver más allá del presente.

4

PIES DESCALZOS

"Siempre tuve una oculta tendencia a ir contra las masas."

El éxito de "¿Donde estás corazón?" no fue sólo para Sony. A la hora de sugerir el comienzo de un tercer álbum, la disquera debió renegociar el contrato con la artista. Ahora sí, una Shakira más adulta, conocedora del negocio y mejor asesorada, exigía en su contrato los requisitos necesarios para hacer la música que ella deseaba. Según un antiguo promotor suyo, entre otras cosas la artista exigía una mayor autoridad sobre la elección de su repertorio, sus canciones y arreglos, y la calidad cinematográfica de todos vídeos que realizara.

Shakira había demostrado que podía hacer un hit a su medida, y Sony acabó por darle más poder a su artista a la hora de grabar el siguiente disco. Esta vez, la cantante no tuvo a la disquera respirándole en la nuca, mérito también de Ochoa, que tenía la reputación de ser capaz de terminar una producción discográfica en dos meses. En lugar de someterse a los pedidos de los productores de turno, esta vez Shakira pudo hurgar en su memoria y canalizar a través de la música todos esos sueños, pensamientos e imágenes que estallaban en su interior.

Habían pasado cuatro años desde su primera experiencia discográfica, y ya no era la niña de piernas como "palitos con dos rodillones", como ella se describía, fascinada delante del micrófono. Ahora tenía dieciocho años y más kilómetros recorridos, y en su mochila se encontraban el tercer puesto en el Festival de Viña del Mar, un hit que estaba sonando en las emisoras y un protagónico en una telenovela diaria que había introducido su imagen en los hogares de todo Colombia. Había aprovechado su carrera actoral para dar entrevistas y aparecer en revistas femeninas en distintos tipos de notas, así fuera mostrando ejercicios para piernas y glúteos. Había logrado mantenerse económicamente, acceder a un buen sueldo que le permitió mudarse de la residencia universitaria y alquilar un departamento muy lindo en las afueras de Bogotá, el mismo que después terminó comprando.

En lo espiritual, Shakira no había cambiado. Seguía yendo a misa los domingos, rezaba y hasta visitaba con regularidad a los enfermos de SIDA de un hospital; con ellos se sentaba a hablar y, a veces, a cantar. Cada vez que entraba a un escenario seguía con la costumbre de orarle a Dios, a quien pedía la bendición y ofrecía su trabajo. En cuanto a sus miedos, Shakira le tenía fobia a la muerte, le incomodaba hablar de ella y se le hacía imposible ir a un velorio —sobre todo desde que un primo muy cercano a ella falleciera, dejando un gran vacío en el corazón de la artista.

En lo profesional, Shakira estaba creciendo a pasos agigantados. Y quienes asistieron a la entrega de premios de *TV y Novelas* en Bogotá hacia fines del '94 pudieron ser testigos del cambio. Sánchez le había conseguido a Shakira un lugar en el concierto donde en principio sólo cantarían Alejandra Guzmán y Paulina Rubio. Mientras estas dos últimas, ya consagradas por el público, desplegaron en su presentación una gran coreografía, Shakira cantó tres canciones, sin coreografía ni bailarines, que dejó a todos con la boca abierta. Artistas y periodistas en el lugar no dejaron de comentar el crecimiento de esta artista que, con su sola presencia y con su voz, había opacado a las dos consagradas cantantes.

Ya sea con golpes duros o con agradables sorpresas, en vísperas del tercer disco, Shakira crecía internamente, y se convertía en una mujer más conocedora, independiente y segura de sí misma. Más adelante, en una entrevista, Shakira resumía: "Creo que si no me hubiera encontrado con el fracaso de mi segundo álbum, *Peligro*, jamás hubiera reaccionado ni hubiera tomado la determinación de detener mi marcha y replantear mis objetivos. En otras palabras, si no me dolían los callos de los pies jamás me hubiera dado cuenta de que el zapato ya me estaba quedando pequeño. Si no hubiese chocado con esa muralla, jamás habría salido con los pies descalzos, a mostrarme como realmente soy".

Como lo había hecho una vez en la vida real por la avenida principal de Bogotá, la pequeña poeta se quitó los zapatos y salió a caminar descalza. Despojada de todo menos de sus sueños, Shakira se puso a trabajar en sus ideas, a urgar en experiencias pasadas, en situaciones que le llamaban la atención y en temas que la obsesionaban. Al salir de misa, en la ducha, en un taxi o en su cama, cada vez que aparecía una línea o una idea, la joven artista dejaba todo y salía corriendo en busca de un lápiz y un papel. Rehizo viejas canciones y compuso nuevas melodías... siempre con la ayuda de su aliado, Luis Fernando Ochoa.

En la práctica, Shakira llegaba al estudio de Ochoa con las letras o ideas de las canciones, para retrabajarlas con él, quien también componía gran parte de la música y se ocupaba de la producción artística en general. No había un esquema de trabajo, fue más bien un fluir de ideas, un trabajo en conjunto que le permitió a Shakira encontrar su voz frente al micrófono. Después de un par de meses de preproducción, resolviendo el repertorio y grabando demos en lo de Ochoa, Shakira entró a los estudios de grabación en febrero de 1995.

PIES DESCALZOS, SUEÑOS HECHOS REALIDAD

"*Pies descalzos* surge de mi necesidad de expresar una cierta inconformidad que guardo hacia las normas, hacia las reglas, hacia los convencionalismos sociales", dijo Shakira en 1996.

Entre febrero y julio del año anterior, Shakira había visto la luz del sol poco y nada. Durante esos meses estuvo encerrada en los estudios de grabación amasando las canciones que habían surgido en el último año y medio, compartiendo su tiempo entre los estudios de Bogotá y los de Miami, Sonido Azulado y Ocean V.U. respectivamente. Con la ayuda de músicos invitados y la coordinación musical de Luis Fernando Ochoa, surgió un disco que combinaba el rock, la balada y el pop, con algo de reggae y un poquito de música disco.

Dicen que la tercera es la vencida. Y en este caso, el dicho fue presagio. Como un renacimiento musical, Shakira creó lo que después se llamó su obra maestra, la piedra fundamental que dividió su carrera entre el antes y el después. Con *Pies descalzos* Shakira logró el sueño de todo artista: un disco con voz propia, una colección de canciones en las que podía verse reflejada. Como ella ha dicho: "Creo que logré poner mi sello, desde la carátula hasta la última vocal de la última canción".

En *Pies descalzos* Shakira comenzó a hacer los juegos de voz que serían su sello en los años siguientes. Su voz de vibrato aún joven tenía ahora muchos más matices y cuerpo que en los discos anteriores. El paso del tiempo había mejorado la poesía de sus letras, y las canciones creaban ahora verdaderos climas.

Shakira en la entrega de los Premios Alma 1999, en Pasadena, California.
Fitzroy Barrett/Globe Photos

Shakira llega a la entrega de los Premios Billboard de Música Latina en el Hotel Fontainebleau de Miami Beach, donde ganó en la categoría Mejor Álbum Pop Femenino del Año, el 22 de abril de 1999. *AFP/Corbis*

Shakira es guiada al James L Knight Center, el el centro do Miami, durante la gala de univisión por Presmios Lo Nuestro en 1999. *Associated Press/Miami Herald*

En julio de 1999, Shakira (centro) tuvo que ser protegida por guardaespaldas y oficiales de policía para poder entrar a la disquería La Gran Discoteca en San Juan, Puerto Rico, donde cerca de 1.000 fans inundaron el lugar para conseguir autógrafos. *AP/Wide World Photos*

Bailando en el escenario del Campo de Polo de Buenos Aires, Argentina, donde actuó ante 40.000 personas, en mayo del 2000. Después de haber dado una serie de conciertos el mes anterior, regresó por demanda popular. *Reuters/Corbis*

Los famosos de la música latina (de izq. a der.), el productor Emilio Estefan Jr. y los cantantes Jon Secada, Shakira y José Feliciano, son el broche de oro en la cena tributo y concierto en homenaje a la primera "Persona del Año" de la Academia Latina de Artes y Ciencias de la Grabación. Estefan, considerado el "padrino del pop latino", fue honrado con tal premio. Beverly Hills, 11 de septiembre del 2000. *Reuters/Corbis*

Cantando en la primera entrega de los Premios Grammy Latinos en el
Staples Center de Los Ángeles, el 13 de septiembre del 2000. Esa noche,
Shakira se fue a casa con dos galardones. *AFP/Corbis*

Shakira y su novio, Antonio de la Rúa, en Punta del Este, Uruguay, el 28 de septiembre del 2000. *Reuters/Corbis*

Shakira se llevó dos galardones en los Premios Grammy Latinos: uno por Mejor Vocalista Femenina Pop y otro por Mejor Vocalista Femenina Rock. *AFP/Corbis*

Desde un hotel de la ciudad de Guatemala, Shakira saluda a sus fans. 17 de abril, del 2000. *AP/Wide World Photos*

Shakira abraza a unos fans en el centro turístico de Punta del Este, donde pasó meses escribiendo las canciones de su nuevo álbum. Uruguay, 29 de octubre del 2000. *Reuters/Corbis*

Como una sirena dorada, Shakira se alzó con el primer Grammy de su carrera el 21 de febrero del 2001. Fue por Mejor Álbum Pop Latino por *MTV Unplugged*. *AFP/Corbis*

Pero si bien en los últimos años la voz y las ideas de Shakira habían crecido notablemente, el presupuesto para el nuevo disco no creció de manera significativa. Para la producción de *Pies descalzos* Sony Colombia desembolsó un total de 100.000 dólares, ya que el estimado de ventas no superaba las 100.000 copias, según indicaba la revista *TV y Novelas* en un número especial de Shakira. Ni siguiera se esperaba que el disco cruzara la frontera. Incluso, a la hora de presentar el disco, en lugar de hacerlo en El Nogal, un recinto moderno donde generalmente se lanzan los discos de mediana importancia, la disquera reservó el Teatro Nacional La Castellana, un espacio pintoresco con mucha menos capacidad. Fue, definitivamente, una presentación austera, sin ágape ni parafernalia, sin "gancho" a la prensa y sin invitados especiales. Muchos de los asistentes al lanzamiento de *Pies descalzos* llegaron porque se habían enterado del evento o alguien los había invitado informalmente; y porque, en realidad, ya había algo de expectativa creada en torno a este nuevo disco, pero parecía que esa expectativa pertenecía más a la prensa que a Sony.

Como diría Shakira más tarde, "*Pies descalzos* no contaba con un apoyo muy fuerte desde el principio, y el álbum lo fue adquiriendo poco a poco". Y comparaba: "Fue como esas reinas de belleza que no tienen grandes patrocinadores y, de pronto, se quedan con la corona".

Al nutrido grupo de periodistas y curiosos que se juntaron en el recinto la noche del lanzamiento, se sumaron las cámaras de televisión, fijas y móviles, que registraron la totalidad del concierto para Caracol Televisión. Esa noche, tanto cámaras como invitados pudieron ver a una artista bien parada sobre el escenario. Su gran presencia escénica se apoyaba, esta vez, en la fuerza de su voz y en lo fresco e inteligente de sus canciones. Atrás quedaban *Magia* y *Peligro*, para siempre. Esta artista había dado un giro de 180 grados, y quienes la conocían no pudieron dejar de admirar el cambio radical que tenían su voz, sus canciones y su actitud.

Shakira había renacido, se había "metamorfoseado", como le gusta decir. Su actitud era la de una baladista honesta que expresa sus sueños y frustraciones con canciones, pertenezcan éstas a la arena del pop, del rock o del reggae. Se había despojado de lo inútil para quedarse sólo con lo auténtico. Por eso fue coherente y relevante que en mitad del concierto se sacara los zapatos y cantara descalza el tema que le da título al disco.

Nada quedaba de aquella niñita de pelo crespo que intentaba ser grande, con el rostro súpermaquillado y el vestido con brillos. En su lugar, se paraba una mujer más compleja, vestida en pantalones y armada de una guitarra acústica. Ya no había pistas grabadas sino músicos de carne y hueso, como ella quería. El 6 de octubre de 1995, Shakira lanzaba *Pies descalzos* en la capital colombiana y daba el primer paso en su ascendente carrera. Esa noche Shakira se a-dueño del timón y comenzó a dirigir su carrera. Por fin era ella la capitana de su propio destino, aunque sólo fuera su destino artístico.

A pesar de lo poco promocionado que había sido el disco antes de su lanzamiento, al día siguiente de haberse presentado ya había comentaristas en distintos medios hablando de la nueva música de Shakira. No todas las críticas fueron precisamente positivas. Una periodista de *TV y Novelas* cuenta que esa noche, apenas terminó la presentación en el teatro, un grupo de críticos salió del concierto tildando al disco de plagio, alegando que ciertos temas pertenecían a canciones del grupo londinense The Pretenders. Esta periodista recuerda que al día siguiente, por la radio, los comentarios de plagio se multiplicaron, y Shakira se entristeció mucho. No se lo esperaba. Hasta debió soportar ser entrevistada en un programa de radio por un conocido periodista que trataba de probar, por todos los medios, que la artista había copiado parte de su música. Para quienes ya empezaban a tener simpatía por Shakira, éste fue uno de los peores ataques que recibió la artista. Lo peor del caso es que nunca se inició demanda legal alguna, ni por parte de la discográfica supuestamente dañada ni del grupo supuestamente plagiado. Así que estas críticas sólo sirvieron para crear algo de controversia y discusión pero nada más. Después de algunos días, todo pasó y estas acusaciones quedaron en el olvido.

Pero más allá del amargo episodio iniciado por un grupo pequeño, la gran mayoría de los que asistieron aquella noche a la presentación del disco salió gratamente sorprendida, satisfecha y admirando al nuevo talento que se desplegaba frente a sus ojos.

DIOS: EL ALIADO ETERNO

"Cuando terminaba *Pies descalzos* le pedí de rodillas a Dios: cúmpleme este deseo, ¡necesito vender un millón de copias nomás! La anécdota es que le prometí algo y el lío es que ahora no me acuerdo qué fue", confesó Shakira un año más tarde a la prensa.

Más allá de la anécdota, nunca fue raro escuchar a la artista hablando de Dios, por lo que no sería extraño que realmente le hubiera pedido ese milagro (ni que Él se lo hubiera concedido, para el caso). Sí es curioso, en cambio, encontrar a una rockera-baladista que manifieste tan abierta y enfáticamente su devoción por la religión católica. Para ella, no se trata de vivir la religión sólo desde lo formal o lo dogmático, asistiendo a misas y confesando sus pecados al cura. Siempre se trató más bien de una forma de ser; como si hubiera internalizado aquella idea de Dios aprendida en los años de colegio con las monjas misioneras.

En lugar de seguir el camino de muchos artistas que siendo criados en la religión católica y sus ritos, crecen dando la espalda a estas ideas de Dios por sentirlas totalitarias y reduccionistas, Shakira se abraza a la religión como quien transita un puente seguro e inevitable, como una herramienta de comprensión y entendimiento, para ver más allá de la realidad cotidiana.

Shakira lo explica más brevemente: "La educación religiosa reforzó mi inquietud por las cosas de tipo espiritual y me llevó a reflexionar sobre mis actos". Para ella, Dios es el creador de todo el Universo, y también el creador de sus canciones, o mejor dicho, el generador de sus canciones, que puede no ser lo mismo. En este esquema, Shakira vendría a ser algo así como una médium, o un ángel, un mensajero, un instrumento de inspiración divina. A veces, según ha dicho, sus propias palabras le son extrañas —hasta tal punto, que varias veces tiene que releer lo que escribió para terminar de entenderlo. "Me encanta sentir esa dependencia, esa conexión con Dios. Es lo que mantiene mis manos y mi boca fértil. Y sé que si mi relación con Dios cambia, si alguna vez me distancio de Su mano, seguramente seré estéril".

Quizás por esa devoción que tiene Shakira hacia su religión, Dios y la Biblia están presentes en trozos de sus canciones: "Tú mordiste la manzana y renunciaste al paraíso..."; "Fuiste polvo y polvo eres". Y por compartir las ideas de su Iglesia, surgió el tema "Se quiere... se mata". Pero nada en sus letras puede asociarla con los compositores de la llamada "música cristiana": sus canciones no contienen mensaje de salvación alguno y su misión no es iluminar sobre verdades divinas. Pareciera, más bien, que para Shakira Dios está presente en la realidad, en la gente, las ideas y situaciones que la rodean.

Quizás como algo relacionado con su búsqueda espiritual, o porque como todo artista se niega a ser víctima de cualquier prisión temporal o espacial, el tiempo es para Shakira otra obsesión. Sus letras están plagadas de alusiones temporales, pasado y futuro, o por el contrario, momentos deliberadamente atemporales: "Mil años no me alcanzarán para borrarte y olvidar..." "Y aprendí a quitarle al tiempo los segundos..."; "Ya no sé si he vivido diez mil días, o un día diez mil veces..."; "Y retumba en mis oídos en tic-tac de los relojes...".

En su vida diaria, Shakira reconoce que siempre llega tarde a todos lados y vive en una lucha constante con los relojes, que prefiere no usar. "El tiempo y yo no somos muy buenos amigos", concluía en una entrevista.

LAS MUSAS

"Cualquiera pensaría por mis letras que vivo una realidad mortificada pero, vamos, que mis venas están en perfecto estado. No es que me abandonen todos los días."

Si Dios y el tiempo invaden las creaciones de la artista, hay otras fuentes más terrenales y materiales que nutren su música. Según contaba Shakira a la prensa cuando estaba en México como parte de la gira "Pies descalzos", ese año había estado escuchando mucho rock acústico. Entre sus músicos y grupos favoritos nombraba a los artistas más dispares: Tom Petty, R.E.M., Nirvana, Silvio Rodríguez, The Police, The Cure, Soda Stereo y Mecano. Y quizás ellos, y otros más, influenciaron la música que ella quería crear: una balada potente, una canción apasionada de bordes ásperos.

Sin embargo, a la hora de escribir, la poesía de Shakira tenía más que ver con sus fracasos amorosos que con un llamado a la revolución popular o una "glamorización" del oscuro vacío espiritual. Esta artista es sensible a la realidad cotidiana, la propia y la ajena: "Escribo sobre lo que me planteo, lo que me interrogo, lo que me causa dudas, lo que me incomoda(...), mis historias, o las historias de otros que me llaman la atención y me motivan a hablar".

¿Y qué le llamó la atención a Shakira entre sus dieciséis y dieciocho años? Varias y variadas cosas. Por ejemplo, "Estoy aquí" nació de la historia de un amigo que estaba deprimido porque su novia lo había dejado; él le había confesado a Shakira que estaba arrepentido de ciertas cosas que había hecho y que haría cualquier cosa para que ella volviese. Éstas son el tipo de historias simples que la conmovían e impulsaban a escribir.

También la conmovió el profundo amor que aún sentía por un ex novio suyo, alguien que le había enseñado "a volar"... y la huella de este amor quedó marcada en el tema "Antología".

En línea con la religión católica, la cantante ha tenido siempre una posición claramente antiabortista. En el último tema de *Pies descalzos*, "Se quiere... se mata", narra la truculenta historia de una niña que muere al hacerse un aborto. En esta canción, "por la ley del magneto" la niña tiene relaciones sexuales con su novio y queda embarazada. Sin que los padres ni su novio se enteren, se hace un aborto y termina "dos metros bajo tierra viendo crecer gusanos". Es la única historia densa y terrible, aunque la música no sea tan oscura como la letra. Según la presidenta del Club de Fans de Colombia, esta canción le llegó a Shakira como sugerencia de su prima, una gran devota de la Virgen María que dice recibir mensajes marianos el día 13 de cada mes. Uno de estos mensajes había sido una alerta de "No al aborto" para la juventud, y con la idea de difundir esta máxima surgió el tema "Se quiere... se mata".

Pero como sucede con muchos baladistas, el amor es, irremediablemente, la fuente inagotable de inspiración y el tema recurrente de sus composiciones. Por suerte, y quizás por ser una lectora ávida, Shakira evita caer en comparaciones obvias y esquiva sabiamente las palabras trilladas. Ella fabrica imágenes y situaciones que tienen la influencia de sus poetas favoritos: entre ellos, Mario Benedetti, Oliverio Girondo y Pablo Neruda. Como este último, fabrica metáforas y utiliza elementos de la naturaleza para hacer analogías; como el anterior, desplaza los elementos de su contexto y juega con situaciones cotidianas. "Déjame quererte tanto que te seques con mi llanto..."; "Fría como una estatua de sal en un mausoleo de cristal"; "Te busqué por las calles, en dónde tu madre, en cuadros de Botero, en mi monedero, en dos mil religiones, te busqué hasta en mis canciones".

LOS PLANETAS

"Soy una acuariana típica."

Cuando a Shakira le preguntan sobre su signo zodiacal, cosa que las revistas han hecho repetidas veces, se nota por sus respuestas la pasión que mueve en la artista esta ciencia milenaria. "Creo que cuando un número de personas nace en una época determinada, los factores ambientales y la posición que pueden tener los astros tienen que influir en algo, así como la Luna influye sobre las mareas y sobre las plantas", cita de sus labios una revista colombiana. Aunque reconoce no leer el horóscopo todos los días para saber qué destino le tocará en suerte, Shakira sí admite tener la personalidad de una acuariana típica. Como ella misma reconoce, las características de este signo le han ayudado enormemente a la hora de crear. En sus palabras: "Las acuarianas somos muy sensibles, creemos que podemos arreglar el mundo, es un signo bastante humanitario, y de hecho siento una atracción y una gran pasión hacia todo lo que esté relacionado con el ser humano. Es decir, si hubiera tenido la oportunidad de entrar a una universidad, sé que hubiera estudiado psicología, antropología, arqueología o cualquiera de esas carreras que tienen mucho que ver con la mente y el comportamiento humano. También es un signo con mucha inclinación hacia el arte, con carácter bastante fuerte...".

Esta visión amplia que tiene Shakira del universo que la rodea, tan inclusiva como tolerante, hace que su autodefinición de "ecléctica" la describa perfectamente. Esta artista pareciera vivir en varios niveles, como si fuera capáz de tener una visión católica, zodiacal y filosófica del mismo fenómeno. Y la pudiera explicar en español, en árabe o en inglés.

"ESTOY AQUÍ"

Más allá del análisis, siempre impreciso, que pueda hacerse de sus canciones, y por encima de los estériles comentarios de plagio, *Pies descalzos* puso a Shakira en boca de todos, en su país. Su voz ya era conocida por el tema "¿Dónde estás corazón?", pero cuando el sencillo promocional "Estoy aquí" comenzó a sonar en las radios, nadie lo pudo quitar. Y no sucedía sólo en Colombia. Aunque Sony no tuviera pensado lanzar el disco fuera del país, *Pies descalzos* cruzó la frontera y llegó a Venezuela, donde encontró un inesperado número de seguidores. Lo mismo sucedió meses más tarde en México, después en Ecuador, Chile... Donde quiera que llegara, el disco gustaba, y las emisoras de radio accedían a los deseos de la audiencia.

Con los vídeos sucedió lo mismo: "¿Dónde estás corazón?" y "Estoy aquí" comenzaron a rotar por la cadena MTV cada vez con mayor frecuencia hasta llegar a las primeras posiciones. Y gracias a la aceptación de éste último vídeo, cuando nadie lo esperaba, la revista especializada *Billboard* le dio a Shakira su primera portada y un artículo titulado "Cómo un vídeo lanza a una artista".

El 17 de enero de 1996, "Estoy aquí" permanecía en el primer lugar de los Top 100 en Colombia por décimotercera semana consecutiva, y "Un poco de amor" ocupaba el segundo lugar.. Y el fenómeno Shakira recién empezaba. Lo que la artista seguramente no sabía entonces es que aquel vídeo, "Estoy aquí", había dejado una muy buena impresión en la plana mayor de su casa discográfica, más específicamente en la división de Sony para América Latina dirigida por Frank Welzer. Según cuenta la directora de marketing de Sony Colombia a la revista *Semana*, Welzer había decidido promover a Shakira en todo el cono sur si *Pies descalzos* llegaba a vender 50.000 copias en Colombia. Una meta que de acuerdo con la revista se cumplió en quince días. Por eso fue que, si bien no estaba en los planes iniciales del lanzamiento, *Pies descalzos* fue cruzando rápidamente las fronteras de los países hispanos.

Aprovechando la gran aceptación que *Pies descalzos* estaba teniendo en algunos países de América Latina y en México (un buen mercado de prueba), Sony decidió lanzarlo también en los Estados Unidos y presentar a la colombiana al mercado latino de este país. Así fue que el 2 de febrero Shakira se presentaba en la Convención de Radio y Música de Los Ángeles y lanzaba oficialmente el disco en Estados Unidos.

Ése era su primer paso dentro del mercado anglosajón, y aunque fuera prometedor, nada indicaba que Shakira tendría la resonancia que estaba teniendo en otros países. De todas formas, la costeña es de las que vive un día por vez, y a esa altura, escuchar su voz en las emisoras colombianas varias veces al día seguramente era suficiente para hacerla feliz. Había trabajado duro, sin prisa pero sin pausa, y ahora por fin lograba suspirar aliviada. Ese verano austral, su poderosa voz se apoderaba del aire de todo el continente, desde Estados Unidos hasta la Argentina.

"Pide y se te concederá", reza una oración de la Biblia, un texto que nuestra artista conoce bien. Aquel milagro que Shakira le había pedido a Dios al lanzar el disco, se le fue concedido... con creces. A sólo diez meses de estar sonando en los medios, Shakira lograba vender... ¡un millón de copias! Esta cifra que para el mercado estadounidense es la normal de varios artistas, en Colombia es un número que pocos alcanzan. En este país donde la música rock y la balada pop son dominio exclusivo de bandas estadounidenses, que la barranquillera hubiera vendido un millón de copias era un auténtico milagro.

La fiebre de Shakira comenzó de forma inesperada, tomando a todos por sorpresa. Después de haber pronosticado ventas que no llegaban al cuarto del millón, los ejecutivos de Sony descubrían que Shakira estaba obteniendo Discos de Oro y Platino en varios países, incluso Estados Unidos.

Cuando el total de ventas llegó a la famosa cifra de siete dígitos, Sony Music inauguró un premio especial, el Prisma de Diamante, y nombró a Shakira la Superestrella del Millón de Copias. En el comunicado de prensa que anunciaba el evento, la casa disquera comparaba al fenómeno colombiano con la baladista canadiense Alanis Morissette, quien el año anterior había tomado el mercado mundial por sorpresa y ya llevaba vendidas millones de copias de su primer trabajo.

Y la comparación no fue tan desacertada. A fines de ese año, Shakira llegó a vender dos millones de copias de *Pies descalzos*, y algunos meses más tarde, la cifra total llegaba a tres millones incluyendo los mercados de Europa, Asia y América Latina.

Las impresionantes cifras no fueron más que un reflejo de la popularidad que estaba alcanzando la figura de Shakira. Cada vez que se presentaba en algún programa de radio o televisión, el éxito de audiencia estaba asegurado. En septiembre del '96, por ejemplo, cuando un popular entrevistador de televisión, Darío Arizmendi, la invitó a su programa "Cara a Cara", el show alcanzó un récord de teleaudiencia en Colombia, llegando a los 36.6 puntos de rating, un número inaudito para este tipo de programa.

Quienes trabajaron con Shakira en esa época creen ver claramente las razones de su éxito: fue testaruda con la disquera a la hora de definir su estilo, fue obsesiva con su trabajo a la hora de grabar, y fue coherente con sus ideas a la hora de componer. Y todo lo anterior fue combinado con una importante cuota de disciplina y de buen humor que Shakira tenía para encarar su música.

Podía ponerse pantalones de cuero negro y ser una rockera aguerrida, o dejarse el pelo lacio y largo para convertirse en una romántica y dulce baladista. Más allá de su imagen, que en ese tiempo tenía algo de ambas, Shakira por fin estaba empezando a vivir lo que había soñado durante tantos años: ser una estrella en sus propios términos (aunque ella prefiera ser considerada "artista, no estrella").

Pies descalzos en la ruta...

La presentación que dio en octubre del '95 en Bogotá al lanzar el disco fue el perfecto ensayo para la gira que le preparó su casa disquera cuando las ventas comenzaron a dispararse. Como en esa primera noche en el Teatro Nacional La Castellana, Shakira se mostraba ahora con el cabello lacio pero revuelto, con pantalones de cuero y con el mínimo indispensable de maquillaje. También a partir de esa noche se presentó siempre con una guitarra acústica entre sus brazos, con la armónica a mano y con el cuerpo entregado a los ritmos rockeros de sus canciones pop.

Su gira por el exterior comenzó en Ecuador. A este país le siguieron Venezuela, Perú, Puerto Rico, República Dominicana... Y desde entonces no se detuvo. Sus pies descalzos pisaron todas las naciones que la reclamaban, y en cada una daba más de un concierto.

Cada una de sus presentaciones era vibrante y sólida, o por lo menos las críticas así lo registraron. Además de su voz, la presencia escénica de Shakira iba creciendo a pasos agigantados. Si bien los escenarios fueron su segundo hogar desde los diez años, la artista lanzaba *Pies descalzos* con una frescura y gracia que nunca había tenido en sus presentaciones anteriores. En lugar de las coreografías previamente ensayadas, ahora transitaba el espectáculo improvisando movimientos corporales, haciendo juegos de voces, gritando, hablando con el público... siempre dejándose llevar por la música. Ahora, por fin, era la dueña indiscutible del escenario que transitaba. Y el público lo sabía y la adoraba por eso. Coreaba sus canciones y se entregaba al baile, gozando con ella. Y ese público fanático comenzó a multiplicarse.

Festival de la Canción de Viña del Mar

Viña del Mar fue el escenario que le dio su primer triunfo internacional cuando en 1992 Shakira era sólo una concursante adolescente, llena de sueños y con un futuro incierto. Cuatro años más tarde, en febrero de 1996, la artista volvía a los escenarios del norte chileno, pero esta vez como invitada especial, para dejar su marca de fuego en el público latinoamericano.

"Seduce con el reggae, con el movimiento de su cintura, con los gestos golosos de su rostro. Visita sus viejos gustos rockeros. Sacude su pelo negro como poseída por Janis Joplin. Se detiene. Acaricia las palabras de su *Antología*, recuerda a alguien que quiso y le agradece con música los momentos felices...".

"Endemoniada, toca su pequeña armónica y de repente vuelve a ser niña. Llora. Sus lágrimas se ven en las dos grandes pantallas que custodian el escenario y que escudriñan sus gestos para quienes están lejos. La gente de Viña del Mar, la misma que hace cuatro años la vio como una tímida concursante, reafirma su complicidad con la pequeña y dulce barranquillera, y canta con ella hasta el delirio".

Así describía el cronista Álvaro García la presentación de Shakira en Viña del Mar, para la revista *Cromos*.

"El concierto más grande en la historia de Barranquilla"

Así anunciaban los diarios la presentación que Shakira tenía planeada en el estadio principal de su ciudad natal. La excitación era total. Era la primera vez que la artista barranquillera se presentaba en su hogar, en la tierra que la vio crecer. Y esta familia moría por ver a su hija más querida. Literalmente, por desgracia.

Con y sin entradas, más gente de la esperada llegó esa tarde al concierto. Jóvenes, sobre todo niñas adolescentes, esperaban en fila a que se abrieran las puertas del estadio. Pero al momento de entrar, el orden de llegada ya no importaba: una multitud de jóvenes corrían y se empujaban para ocupar las mejores posiciones. En ese tumulto, que duró varios minutos sin que los organizadores pudieran hacer nada, murieron asfixiados dos jóvenes que quedaron atrapados entre el gentío.

Cuando el concierto empezó, una Shakira desinformada de lo que había sucedido en la entrada, cantó ante un estadio repleto que la ovacionó como si fuera una diosa. Más de 45.000 personas bailaron y corearon cada canción, y la noche terminó con la alegría de una gran fiesta popular.

Durante el recital, Shakira no se enteró de nada. Pero cuando la presentación terminó, la noticia le llegó al hotel donde se estaba hospedando. No lo podía creer. Le dio bronca que nadie le hubiera avisado, le dio impotencia y sobre todo, mucho dolor. Lloró muchísimo. Sólo Dios sabe lo que habrá sentido nuestra artista aquel día. Conociendo su extrema sensibilidad y la preocupación que siempre tiene por el más mínimo sufrimiento ajeno, éste fue seguramente el día más negro y triste de su carrera.

Esos dos jóvenes no fueron las únicas víctimas del fanatismo y la histeria. Al día siguiente, una barranquillera de quince años, poseída por la bronca de no haber podido ir al concierto por orden de su madre, se tomaba venganza con la vida, exclusivamente con la suya. Según reporta el principal diario barranquillero, la niña fue hasta la farmacia, compró pastillas de cianuro, después una gaseosa, y se encerró en su cuarto. Cuando su hermano la encontró, la niña ya había ingerido una dosis mortal y estaba agonizando en su cama. Llegó al hospital muerta. Se suicidaba porque se había perdido ver lo único que tenía sentido en su corta vida: Shakira.

Estas trágicas historias, que muestran hasta dónde llegaba el endiosamiento y la adoración extrema que la juventud colombiana hacía de Shakira, son acontecimientos que estremecieron a la cantante en el comienzo de su carrera y le hicieron replantearse el futuro. Por esos días, Shakira pensó seriamente en abandonar su carrera. Aún hoy, éste es un episodio que la sensibiliza extremadamente, y es raro que hable de aquel día.

ESTADOS UNIDOS LE ABRE LAS PUERTAS

Este país se rindió a sus pies desde el comienzo. Cuando Shakira pisó por primera vez un escenario de Miami, lo hizo ante 5.000 personas en el Centro de Convenciones James K. Knight, con un show que duró noventa minutos y que dejó a todos queriendo más. Algunos de sus admiradores, la gran mayoría mujeres, habían pagado hasta 100 dólares para verla. Shakira no defraudó a nadie. Según la crítica, "actuó con la soltura de una artista veterana" y sorprendió a todos con sus "dramáticos movimientos corporales (en un par de ocasiones llegó al suelo afirmándose en el micrófono)" y con su dominio de la armónica. "Conquistó a los periodistas y al público con su simpatía, encanto y espontaneidad", resumía un corresponsal de Reuters en abril del '97.

Sólo dos semanas después del concierto, y también en Miami, *Pies descalzos* recibía los primeros premios en tierra norteamericana. La edición latina de la revista *Billboard* le entregaba a la barranquillera tres premios: Mejor Álbum del Año por *Pies descalzos,* Mejor Artista Nueva y Mejor Vídeo por "Buscando un poco de amor".

Una semana más tarde, la telecadena Univisión le entregó dos de sus premios "Lo Nuestro", galardones de prestigio dentro de la comunidad hispana: Artista Femenina del Año y Artista Revelación del Año en el género pop y balada.

Un mes más tarde, Shakira vendía medio millón de copias de *Pies descalzos* en los Estados Unidos y Puerto Rico, y se hacía acreedora al Disco de Oro de la RIAA, la Asociación de la Industria Discográfica de Estados Unidos. Según su casa discográfica, Shakira se convertía en la primera artista hispana que llegaba a ese número de ventas con un primer álbum. Esa cifra record la hacía también acreedora a cinco discos de platino, que en el mercado latino se entregan cada 100.000 copias vendidas.

BRASIL Y LOS *REMIXES*

Septiembre, el mes de la primavera para el cono sur, encontraba a Shakira floreciendo en el mercado menos esperado: el brasilero. Contra todo pronóstico, la barranquillera llevaba vendidas más de 500.000 copias de *Pies descalzos* varios meses antes de llegar a este vasto país como parte de su gira. Tanto gustaban sus canciones y vídeos, que Sony decidió sacar un disco en portugués con sus éxitos para ser lanzado cuando Shakira llegara a Brasil en septiembre. El resultado de esta idea terminó siendo *Shakira, The Remixes*, un disco con sus hits en versiones mezcladas para discotecas, con cuatro de sus éxitos cantados en portugués, algo de música disco y algo de música *house*. Entre las nuevas versiones de sus temas se encontraban "Estoy aquí", "¿Dónde estás corazón?", "Un poco de amor" y "Pies descalzos, sueños blancos".

Shakira se animó a cantar en portugués y lo hizo dignamente, sin quitarle fuerza ni matices a su voz. Sin embargo, según admitiría ella misma más tarde, sus fans prefirieron siempre sus versiones originales en español. Y al parecer, ella también, ya que no volvió a cantarlas. En cuanto a cifras, de todas maneras, no le fue nada mal: terminó vendiendo más de 300.000 copias. En cuanto a *Pies descalzos,* el álbum llegó a ocupar el lugar número 40 entre los 50 más vendidos. Y según la revista *Semana* de Colombia, "de los doce millones de copias reservadas para los artistas extranjeros [en Brasil], un millón fueron para *Pies descalzos*".

Además del disco de remixes, Shakira le dedicó especial atención a la tierra de la samba y la bossa nova. Su gira por Brasil duró un mes, y en ese tiempo visitó 15 ciudades, incluso Sao Paulo, Río de Janeiro y Bahía, y dio un total de 23 conciertos en estadios a lleno total. Según los cronistas, la audiencia coreaba sus canciones de principio a fin, como si hablara perfecto español y como si conociera a Shakira desde hace años.

En este agotador mes de septiembre, Shakira descubrió que tenía una cantidad de fans impresionante y que el idioma no era impedimento para entrar en sus corazones. Terminando ese mes, un diario decía que la barranquillera se había convertido en un fenómeno sin precedentes para un extranjero en Brasil, y comparaba su éxito con el que había tenido en su momento Michael Jackson.

BROCHE DE ORO PARA *PIES DESCALZOS*

Para terminar una gira que la había llevado durante varios meses por ciudades que nunca imaginó visitar, Shakira volvió a sus raíces. En esos meses había viajado siempre con sus padres, se presentaba puntual a las pruebas de sonido y arreglaba con sus músicos las entradas y salidas. Había trabajado como una profesional, y el público y las críticas de todos los países se habían enamorado de ella. La exitosa gira la había llevado lejos de Bogotá, pero a la hora de cerrar el tour, Shakira quería volver a casa, a donde todo había comenzado. Según contó el redactor Víctor Manuel García en el diario *El Tiempo*, el sábado 11 de octubre de 1997 el estadio El Campín de Bogotá estaba abarrotado de gente. Hacía un frío intenso y llovía una garúa fina, pero eso no impidió que los bogotanos bailaran y cantaran durante dos horas al ritmo que Shakira imponía.

Después de andar durante veinte meses recorriendo el mundo con sus canciones, ahora llegaba a su ciudad vestida de negro, como una rockera impecable, para jugar desde el escenario con las más de 30.000 personas que se rendían a sus pies. "Ídolo...", le gritaban los jóvenes levantando las palmas.

Shakira comenzaba su concierto con "Vuelve". Cuando le llegó el turno a "Un poco de amor" se quitó la chaqueta de cuero y estalló la histeria general. "Y ahora estoy aquí, queriendo convertir los campos en ciudad...", siguió, y las palmas y la euforia ya no se detuvieron más. Shakira controlaba al público con la maestría de una veterana directora de orquesta. Sabía qué decir, cómo manejar el ritmo y cómo moverse con soltura por la totalidad del escenario. "Llegó la hora de empezar a caminar con los pies descalzos", dijo, y el público, de pie, le respondía.

"Las canciones son la memoria de la vida. Y yo les voy a cantar un poco de la mía". Y así presentaba su "Antología". En palabras de Víctor Manuel García, "Shakira levitó con éxito en su gran noche bogotana. Bajó al camerino. Bañada en sudor, se encerró y se entregó a Dios durante algunos minutos".

Mientras se despedía en Bogotá de su extensísima gira, del otro lado del planeta ya comenzaba a escucharse su voz. *Pies descalzos* se había lanzado ya en Japón y "Estás aquí" peleaba el primer lugar en las estaciones de radio.

SHAKIRA Y EL AMOR

"Prefiero un corazón noble a una inteligencia estéril."

Quienes la conocen, afirman que Shakira es romántica y soñadora. Hasta su idea de amor tiene una visión idealista, claramente más espiritual que carnal. Un periodista colombiano decía de ella: "Entiende el amor como un ejercicio puro, como uno de los legados más importantes de Dios, como un instrumento de inspiración y de creación". Y seguía: "De hecho, hay personas cercanas a ella que se atreven a afirmar que sólo se entregará en cuerpo y alma el día de su matrimonio". Sólo ella sabe si esto es verdad.

Lo que sí es verdad es que Shakira mantiene una comunicación muy abierta con sus padres, especialmente con su madre. "Hablan de todo, de la sexualidad, de los besos, de las intenciones, de los hombres", contaba una amiga cercana. Y en esta época, cada vez que Shakira salía con un hombre, sus padres se aseguraban de conocerlo antes.

Fue por este imaginario popular que la tenía como una "niña de su hogar", que llamó tanto la atención del público que, Shakira comenzara ese año 1996 saliendo con el actor puertorriqueño Oswaldo Ríos, un galán de telenovelas casi veinte años mayor que ella. Después de algunos noviazgos cortos como el que mantuvo por cinco meses con el actor Gustavo Gordillo (un ex miembro del grupo Poligamia), la artista buscaba ahora la madurez de un hombre con experiencia. Cuentan los cronistas del romance que se conocieron precisamente en Miami, cuando ambos coincidieron en una discoteca, y desde entonces no se despegaron más que para trabajar. En realidad, él la había conocido el año anterior en Colombia, en la fiesta donde Sony le había entregado el Prisma de Diamante después de haber vendido el primer millón de copias de su álbum. Él quedó impresionado con ella, pero esa noche no se le acercó.

Comenzaron a salir justo antes de que Shakira cumpliera los veinte años. En ese momento, ella estaba en medio de su gira de *Pies descalzos* y comenzaaba el período ascendente de su carrera. Oswaldo Ríos, por su parte, estaba grabando en Colombia la telenovela *La viuda de blanco*. A pesar de que fuera un "galán", la prensa y los fans de Shakira no lo querían nada. Decían que estaba usando la fama de la cantante para hacerse la suya. Además, algunos medios difundieron la noticia nunca confirmada de que él estaba enfrentado un juicio en Puerto Rico por haber agredido a su ex esposa.

Pero más allá de las malas lenguas y el rechazo de la prensa que adoraba a Shakira, ese romance siempre pareció estable. Como era costumbre, la cantante iba a todos lados con la autorización de sus padres, y muchas veces ellos la acompañaban a dónde fuera. Aun con la custodia de doña Nidia y don William, Shakira y Oswaldo se veían siempre que podían. A veces, ella lo visitaba en el set de grabación, y otras veces él la acompañaba en parte de su gira.

La historia de amor terminó en septiembre de ese mismo año, aparentemente cuando la cantante volvió de Brasil. La noticia, vociferada por todos los medios faranduleros, fue recibida con algarabía por sus admiradores y por las columnas del corazón que seguían paso a paso la relación de la barranquillera y el "fortacho actor puertorriqueño". Al parecer, los padres de Shakira y Oswaldo no se llevaban de lo mejor y eso habría afectado la relación de la pareja. Pero la verdadera razón de la ruptura nunca se supo.

Desde entonces y por varios meses, el corazón de Shakira no perteneció a nadie más que a la música. Aunque, según confesiones suyas, su corazón vive enamorándose, y "siempre hay alguien por ahí". Lo cierto es que durante su relación con Oswaldo Ríos la prensa se metió tanto —con cámaras, cronistas y comentarios— que dejó a Shakira sin demasiadas ganas de hablar del asunto. Desde entonces, la barranquillera prefirió siempre referirse a sus relaciones como situaciones pasajeras y nunca dando nombres...o por lo menos hasta que se desató lo de Antonio de la Rúa.

Pies Descalzos, la fundación

Shakira no recordaba qué cosa le había prometido a Dios a cambio de la venta de un millón de discos, pero a la hora de terminar el tour encontró una oportunidad de saldar, en parte, su deuda con "El de arriba". Con sólo llegar a Bogotá y mirar alrededor, saltaba a la vista que había mucho por hacer en el ámbito social. Gente desamparada y necesitada de ayuda no faltaba.

"Pies Descalzos es una asociación que se creó a fines del '97 en la que hacemos eventos con el propósito de reunir fondos [para] las fundaciones que amparan a la niñez desprotegida de mi país, asociaciones de ayuda a niños con problemas del corazón, con SIDA, con leucemia, niños de la calle o hijos de soldados muertos en combate". Así presentó Shakira su Fundación Pies Descalzos.

Con esta fundación la artista encontró la oportunidad de asistir a los desplazados por el terremoto de Armenia y a los damnificados por los huracanes George y Mitch, e inauguró escuelas y hospitales para niños de bajos recursos económicos. A diferencia de otros artistas que después de ganar mucho dinero deciden establecer una fundación para aliviar los impuestos, Shakira apoyó a su fundación no sólo materialmente sino con su presencia, asistiendo a los lugares de emergencia y colaborando con los necesitados en momentos críticos.

Incluso ante el futuro promisorio que se abría a sus pies, Shakira demostraba que su espíritu seguía intacto. La fama y el dinero no habían cambiado su corazón sencillo, sus deseos de escuchar y servir a quienes la rodeaban y su búsqueda de Dios. En palabras de Shakira: "La fama es cuestión de temperatura: es fría cuando diviniza y separa, y cálida cuando acerca y humaniza. Yo la he usado para acercarme a mi público, no para alejarme".

5

DÓNDE ESTÁN LOS LADRONES?

"Yo soy una ladrona de atención, una ladrona de cariño y una ladrona de realidades."

Para descubrir el alma barranquillera, hay que internarse en los Carnavales de *La Arenosa*, como le llaman cariñosamente a Barranquilla. Ruidosas, coloridas y exultantes, estas fiestas tienen a todo el pueblo bailando y festejando en las calles durante tres días seguidos. Hay desfiles de comparsas y grupos de cumbia por la Vía 40, hay mucha risa y bulla hasta la madrugada, trajes típicos y gente sudando... En fin, es la parranda por excelencia, y nadie se la quiere perder. En el aire flotan las notas de todos los ritmos tropicales que se puedan imaginar. Así como la samba es la sangre del Carnaval brasilero y la murga es el alma del Carnaval rioplatense, los barranquilleros se expresan con todos los ritmos tropicales: cumbia, salsa, merengue, vallenato...

Entre estos ritmos se crió Shakira. Ésta es la música que la rodeaba cuando jugaba por las tardes en la calle, porque en los barrios la música está en las calles, con la gente. Quizás por esta realidad cotidiana resultó raro que la artista se hubiera inclinado por el rock o el pop a la hora de ponerle música a sus canciones.

Sin embargo, si Barranquilla es reconocida como una ciudad tolerante, amante de las diferencias y la diversidad, en el corazón de esta realidad se encuentra la música. Una prueba de ello se dio en los Carnavales de 1998, cuando Shakira y su música fueron premiados con el mayor reconocimiento de la música que tiene el carnaval: el Super Congo de Oro. El galardón está reservado para los notables del género tropical, pero ese año se hizo una excepción: las cabezas del Carnaval no pudieron ignorar a la hija ejemplar de Barranquilla, a la rockerita que estaba mostrando al mundo la mejor cara de Colombia. Shakira no lo pudo creer. Tanto se emocionó esa tarde de febrero cuando entonó con Joe Arroyo, una eminencia carnavalesca, el tema "Te olvidé", un clásico, que las lágrimas le nublaron la vista y terminó llorando de alegría. A la hora de recibir el premio confesó: "Esto es como recibir el Grammy". Y en ese momento no sabía que en el futuro podría compararlos.

Como cerrando un círculo perfecto aquí estaba, con veintiún años recién cumplidos, cantando en el Carnaval que era su mayor alegría de pequeña. Ahora, sobre el escenario de una comparsa, era ella quien estaba influenciando con su estilo a una nueva generación. Y todo esto a pesar de que ya hacía varios meses que por razones laborales vivía más en Miami que en Bogotá, y que visitaba Barranquilla muy poco. O mucho menos de lo que su corazón deseaba.

Como un doble regalo de cumpleaños, ese mismo mes recibió de manos del presidente de Colombia, Dr. Ernesto Samper Pizano, la condecoración Orden al Mérito Nacional, que la invistió con el título de Embajadora de Buena Voluntad. Aunque este título fue simplemente honorario, la barranquillera se lo tomó muy en serio. Siempre que viaja, y desde *Pies descalzos* eso ocupa gran parte de su existencia, Shakira siente que viaja no sólo como artista sino como colombiana. "Creo que el artista es el exponente de todo un pueblo, del pensamiento y del sentir de una raza y de un pueblo. Entonces, como artista, tengo que esforzarme por dirigir el mensaje acertado al resto del mundo", dijo años más tarde en una conferencia de prensa, mostrando hasta dónde llegaba su sentido de responsabilidad.

Algunos meses después de ser nombrada "embajadora", Shakira aprovechaba su paso por Europa para reunirse con el Papa Juan Pablo II, después de haber obtenido la tan codiciada audiencia. Asistió no sólo como cantautora sino como colombiana, para pedirle a la cabeza de la Iglesia su intercesión en el proceso de paz de su país. A modo de ofrenda, Shakira le entregó una carta y unos regalitos típicos de su país, pero también le hizo un pedido. "Le dije que sería muy bueno que se diera una vueltita por allá", sonreía un año más tarde confesando el pedido a Su Santidad.

Como embajadora o como artista, durante 1998 Shakira estuvo viajando bastante: al comenzar mayo llegó a Mónaco, donde se entregaban ese año los Premios Mundiales de la Música. En una cena de gala a la que asistieron figuras tan importantes y distantes como Mike Tyson, Roberto Carlos y Mickey Rourke, Shakira se llevó el premio a la Mejor Artista Latina. Y como un hecho premonitorio, esa noche fue Gloria Estefan quien le entregó el Premio Mundial.

Nada podía ser más promisorio en ese época: después de haber recibido la bendición de Su Santidad Juan Pablo II y uno de los Premios Mundiales de la Música, Shakira regresó a Miami para retomar la producción de su próximo disco, que aun no tenia nombre. Y en realidad, tampoco canciones. Lo único que tenía Shakira al comenzar el año eran letras escritas en borradores, quizás alguna cancion terminada, y varias ideas sueltas, pero nada con lo que entrar a un estudio de grabación.

Shakira se mudó a Miami por la misma razón que años antes se había mudado de Barranquilla a Bogotá. Para crecer. La diferencia fue que esta vez no tuvo que solicitar a la prensa escrita que le hicieran una nota ni debió soportar posar en bikini para un concurso de nalgas. Había llegado a Miami por la puerta grande: como la artista femenina más importante de Sony en América Latina... y con el mejor padrino que pueda tener un artista latino recién llegado a los Estados Unidos—Emilio Estefan Jr.

Estefan y Shakira se conocieron por intermedio de Jairo Martínez, promoter de ella y amigo cercano de la familia Mebarak. A Jairo se le había ocurrido impulsar la carrera de Shakira con la ayuda del productor número uno en el mercado hispano, y después de consultarlo con Nidia, decidió presentarlos para ver qué pasaba. Jairo Martínez, promotor de Shakira y amigo de Estefan, los presentó. Según Shakira, la química fue instantánea, y después de diez minutos de charla se dio cuenta de que tenía frente a sí al productor que necesitaba. En cuanto a Estefan, sucedió algo muy similar. Quizás fue el magnetismo indiscutible de Shakira lo que impulsó al importante productor a ofrecerle los servicios de Estefan Enterprises para la realización de su próximo disco.

Al primer encuentro le siguieron otros. La verdad es que hicieron falta varias reuniones y largas conversaciones para que la artista pudiera negociar inteligentemente y con cuidado el contrato que firmaría con el empresario y productor discográfico más importante del mercado latino. Shakira sabía que su música precisaba no sólo el apoyo de un gran estudio de grabación como Crescent Moon (de propiedad del empresario), sino que su carrera también a alguien que le abriera las puertas al mercado estadounidense. Y todo eso era lo que Estefan podía ofrecerle. El tema era ahora cómo dar ese gran paso, darlo ahora o no, cambiar de mánager o no, cambiar su equipo de producción o no. "¿No resignaría ahora a la libertad creativa y al poder de decisión que había logrado con el éxito de *Pies descalzos?*", se cuestionaba probablemente Shakira.

Hasta ese momento, la artista había encontrado en Luis Fernando Ochoa un excelente productor, con el que tenía una gran química creativa y con quien componer había sido un verdadero placer. Pero por otro lado, era nada menos que Emilio Estefan Jr. quien le estaba proponiendo ser su productor ejecutivo, alguien con veinte años de experiencia en el mercado de la música y que llevaba en su lista de éxitos los discos de estrellas como Gloria Estefan, Enrique Iglesias y Thalía. Si alguien sabía cómo producir talentos latinos y colocarlos número uno en el chart, ese era Estefan. Su red de contactos en Miami, la capital de la música en español, era infinita, y su opinión era muy respetada en Sony Music.

Una cosa que seguramente preocupaba a Shakira era su independencia a la hora de crear. Emilio Estefan tenía fama de involucrarse bastante, quizás demasiado, en la producción de sus discos. Por eso a la hora de cerrar el trato, se definieron claramente los roles y las tareas. O así parecía desde afuera. Él sería su mánager y productor ejecutivo, pero Shakira sería la dueña y señora del material, y todos los arreglos y la imagen final del disco debían contar con su aprobación. Estefan le daría el apoyo logístico, pero la artista no perdería el control de su creación, pudiendo además trabajar con otros productores para cada uno de los temas. Ella llevaría el timón en ese barco, y así fue, a juzgar por lo que ella misma contó después.

La producción de este disco fue más compleja y exigente que la de *Pies descalzos*. A diferencia de aquella, en esta obra hubo más manos y más opiniones, más productores y más demos, y el proceso total duró nueve meses. Un parto. "Para mí es un tiempo normal, es el de un bebé", contaba Shakira más tarde, reconociendo que para la discográfica fue un proceso largo. "Muchos me señalan con el dedo y me dicen 'con el próximo no te puedes demorar tanto'..."concluía risueña.

Pero no fue sólo la producción técnica del disco la que había estirado los tiempos más de lo previsto: el primer paso, aquel que le corresponde dar a Shakira, se había visto interrumpido por un hecho tan imprevisto como desafortunado.

Cuando la artista, estando en el Aeropuerto Internacional de Bogotá, esperaba para tomar uno de sus tantos vuelos a fines de 1997, concluyendo la gira de *Pies descalzos*, una mano rápida le robó la maleta donde llevaba todas las canciones para su siguiente disco. Cuando intentó recuperarla, ya era demasiado tarde. En esa maleta, amontonadas dentro de un cuaderno, estaban todas las canciones que formarían parte de su siguiente álbum... y no tenía copia de ninguna de ellas. Todas estaban allí, escritas sobre el papel original, con sus borrones, tal como Shakira las había escrito en su trance creativo. "Y lo peor es que mi mente no podía recuperarlas por el bloqueo mental que te causa una experiencia tan traumática como es el robo de algo tan, tan, tan personal".

Los sentimientos de impotencia y vacío invadieron a Shakira con una violencia tal, que durante varios días y noches no podía dejar de pensar, obsesivamente, en el ladrón o ladrones que habían tomado todo su material. La habían dejado desnuda, desprovista y confundida. Se habían apropiado no sólo de sus canciones, sino también de sus pensamientos, ya que ahora su mente no dejaba de pensar en lo mismo, una y otra vez: en los ladrones. "¿Quiénes son? ¿Dónde están? ¿Qué buscan?"

El destino le volvía a gastar una broma pesada, una que le exigía a Shakira tener fe y confianza, en sí misma y en el destino.

DÓNDE ESTÁN LOS LADRONES?

"Las personas que quieran saber quién es Shakira, sólo tienen que esuchar Dónde están los ladrones?, *ahí están mis confesiones."*

Shakira supo hacer del hecho más desafortunado, el mayor de sus éxitos. Tanto buscaba la explicación al hurto de sus canciones que su mente obsesiva encontró la respuesta. "Llegué a la conclusión de que existen muchas clases de ladrones", explicaba más tarde. "Ladrón no es sólo aquel que toma un bien material que no le pertenece. Hay ladrones de sentimientos, ladrones de espacio, ladrones de tiempo, ladrones de sueños, ladrones de derechos". Y como si acusara "quien esté libre de pecado que tire la primera piedra", Shakira concluye: "Desde ese punto de vista, todos hemos robado alguna vez, y me incluyo. Las manos sucias [las que tiene ella en la tapa del disco] representan la culpabilidad compartida. Nadie está completamente limpio, porque al fin y al cabo todos somos cómplices".

Y sin llamarla ladrona, Shakira le decía a una entrevistadora: "Yo te robo las preguntas, y tú me robas las respuestas". Hasta la música le había robado algo, decía. "Me ha robado horas de sueño, desayunos inconclusos, atardeceres que no he podido ver...".

Justo antes de lanzar *Dónde están los ladrones?, Pies descalzos* llevaba vendido más de tres millones y medio de copias en todo el mundo y "Estoy aquí" seguía sonando en las emisoras a lo largo de todo el continente. Hacer su nuevo disco a la sombra de aquel éxito ponía un gran peso sobre los hombros de Shakira. Los críticos, la prensa y sus fans esperaban que este nuevo trabajo fuera naturalmente mejor, más complejo y contundente.

En cuanto a prensa, la expectativa en el nuevo disco se había visto alimentada por una portada que la revista *Time* le había dedicado en su edición latinoamericana. Junto a su travieso rostro y un pelo aún sin trenzas, se leía el titular "Era of the Rockera". Con esa frase en espanglish, el artículo analizaba el fenómeno de las mujeres latinoamericanas que estaban dejando su huella en el mundo del rock, o en los Estados Unidos, el *rock en español. Time* le daba a Shakira el título de "princesa del rock" y hacía una recopilación de su im presionante carrera. Entre la enumeración de hazañas no se escapaba el detalle de que para entonces la colombiana había vendido casi 4 millones de copias de *Pies descalzos,* que las canciones eran de cosecha propia y que podía tocar la armónica y la guitarra maravillosamente.

Shakira sabía que en cuanto al próximo álbum, algunos dirían "cambió demasiado" y otros, por el contrario, le reprocharían que seguía siendo la misma. Así todo, a la hora de crear, la seguridad en ella misma pudo más. "Lo único que podía hacer era intentar ser yo misma. Entendí que sólo me quedaba hacer la música que sé hacer y escribir del corazón en los momentos que tenía necesidad. De esa manera, todo se desarrolló con mucha naturalidad, más de la que yo pensé", reconocía al concluir el disco.

La artista puso en este disco toda su energía, puliendo el material hasta el cansancio. "Hice hasta dos y tres demos de cada canción. Me convertí en un ser humano tan exigente consigo mismo que hasta que no sentía que mi piel se erizaba con una canción, no paraba de trabajar". Cada tema fue grabado con la misma obstinación y tesón con la que había grabado los de *Pies descalzos,* porque como ella misma confiesa en su tema "Inevitable": "Conmigo nada es fácil, ya debes saber...".

Y cuando le tocó entrar a los estudios de grabación, a sus manías perfeccionistas le vinieron como anillo al dedo las vigilancias meticulosas de Emilio Estefan del otro lado del vidrio. Como ella reconoció más tarde hablando de su productor: "Tuvo un gran respeto hacia mí como artista y me entregó este proyecto con la mayor de las confianzas".

Shakira tampoco descansó a la hora de definir los vídeos, la tapa del disco y su propia imagen. En línea con su sonido más rockero, para este álbum se dejó el pelo alborotado y lo llenó de trencitas de colores. Parecía una Medusa contemporánea capaz de hechizar a la audiencia con los movimientos furiosos de su cabellera y las contorsiones frenéticas de su figura. Pero al revés de aquella Medusa mitológica que convertía en piedra a quien se atreviera a mirarla, ésta no podía petrificar a nadie. Todo lo contrario: su hechizo consistía en hacer vibrar y poner a bailar a todo el mundo, incluida la más rígida de las piedras. Se había convertido, eso sí, en un ser más agresivo, en una rockera indómita. Y su nueva imagen gustó a todos, tanto a los fans como a la crítica, porque en esencia, Shakira seguía teniendo la sensibilidad y la dulzura que todos le conocían.

Como dijo Shakira alguna vez, cuando le preguntaron cómo definiría su música, "es una fusión, una combinación de elementos que provienen de mundos distintos pero que conviven armoniosamente bajo un mismo techo". Esa fusión, que según Shakira es la llave de oro de los latinos, un tesoro en común, fue el elemento clave en la construcción de *Dónde están los ladrones?*. "Por ejemplo, en 'Ciega sordomuda' combiné una trompeta típica mexicana con un *loop* dance discotequero con una guitarra eléctrica, en 'Octavo día' hubo una influencia un poquito más británica, y 'Ojos así' tiene la influencia de instrumentos del Oeste Medio, otra vez con un *loop* discotequero y guitarras eléctricas...".

Así como Shakira no tiene conflicto alguno en reconocerse influenciada por distintas corrientes musicales y ser ella misma una fusión, también es ecléctica a la hora de escoger los temas de sus canciones. La artista logra abrirse espiritualmente y dejar que su idea de Dios hable en "Octavo día", hacer una crítica política en "Dónde están los ladrones?" o confesar que alguna vez fue infiel en "Inevitable". También la textura de sus vídeos cambia con cada tema, y en cada uno de ellos se nota el deseo de innovar, tanto en lo estético como en lo dramático.

El 7 de septiembre de 1998, después de pasarse casi tres años escribiendo trozos de letras en papelitos y vivir varios meses encerrada en el estudio de grabación, la voz de Shakira irrumpió en las radios con el primer corte promocional del nuevo disco: "Ciega sordo-muda". Apenas salió, sonó sin parar en las radios hispanas de los Estados Unidos y en todas las emisoras latinoamericanas, incluso las brasileras. Con este solo *appetizer* los medios adelantaban: "El sonido de la producción es excelente y posee todas las condiciones para convertirse en líder de ventas en el mundo del rock-pop". Y no se confundían.

Cuando finalmente se lanzó *Dónde están los ladrones?*, el 23 de ese mismo mes, cientos de cronistas de todo el mundo habían sido invitados a Miami para la conferencia de prensa y fiesta de lanzamiento. A diferencia del magro presupuesto que había tenido Shakira para *Pies descalzos*, para este disco no escatimaron en gastos: se invirtieron varios cientos de miles de dólares, inclusive se pagaron los pasajes de avión de periodistas de distintos países.

Demostrando qué tan merecido tenía el título nobiliario que *Time* le había otorgado, Shakira terminó vendiendo más de 300.000 copias de *Dónde están los ladrones?* el día del lanzamiento solamente. Tanta era la presión de los fans que querían escuchar a "su princesa", que algunas tiendas abrieron sus puertas en la madrugada de aquel día para satisfacer la demanda. Al mes, las ventas del disco habían superado el millón de copias y Shakira se convertía en la artista latina de mayor venta.

Con sus juegos de voz más desarrollados y una personalidad más definida, tan arrolladora como en el disco anterior, Shakira presentaba el cuarto disco de su carrera y decía desnudar su alma con cada canción. Y no hacía falta ser su amiga íntima para intuir que había mucho de autobiográfico en sus letras. Como en el disco anterior, el tema principal de su repertorio era el amor. Pero a diferencia de *Pies descalzos*, la mujer que hablaba en este nuevo disco era más fuerte, resuelta y agresiva. Por ejemplo, dejaba saber que "Si me cambias por esa bruja, pedazo de cuero, no vuelvas nunca más, que no estaré aquí", en "Si te vas".

Musicalmente, estos temas tenían un espíritu más rebelde, más áspero que el disco anterior. A la mezcla de sonidos pop, disco y rock, le había agregado una canción sumamente original: "Ojos así", que, cantada mitad en español y mitad en árabe, con imágenes desérticas y ritmos orientales, sirvió para distinguir a este álbum de cualquier otro.

Emilio Estefan estaba más que satisfecho con el disco. No encontraba las palabras para alabar a Shakira y comentar lo magnífico que había sido trabajar con ella "alguien que sabe lo que quiere, es perfeccionista, y sobre todo muy trabajadora". Y añadía: "Me recuerda a Gloria, son mujeres muy, muy inteligentes". Y tanto confiaba Estefan en que Shakira sería el próximo fenómeno Ricky Martin, que a los pocos meses de editar *Dónde están los ladrones?* afirmaba a la prensa que ya estaban trabajando en una versión en inglés del mismo disco. Según el productor, su esposa Gloria Estefan estaba ayudando a Shakira a traducir algunas letras.

Shakira expresó más de una vez lo apoyada que se había sentido trabajando con él. Emilio le había dado la absoluta libertad creativa que ella precisaba, ocupándose también de que todos los elementos y las personas necesarias estuvieran a su disposición. Y esa atención hizo del disco el producto cuidado y prolijo que la artista había visualizado.

Éste fue un álbum importantísimo para su carrera por varias razones. La primera, y más importante, es que con él Shakira le demostró a su público que no era una estrella fugaz y que su anterior éxito no había sido casualidad. Con esta nueva producción seguía manteniendo la línea de baladas románticas pero con un tono más desenfadado, una música más producida y una fusión de ritmos igualmente original. Además, los juegos de su voz no dejaban lugar a dudas: Shakira estaba creciendo a pasos agigantados.

La segunda razón en la importencia del disco tuvo que ver con la gente que aún no la conocía. A pesar de que ella era ya un peso pesado en América Latina y había conquistado varios países de Europa y Oriente Medio, Estados Unidos seguía siendo un título inalcanzable. Pero ahora, con un disco totalmente grabado y mezclado en Miami, con la producción ejecutiva de Emilio Estefan Jr. y con un impresionante apoyo financiero de Sony, Shakira tenía una relevancia mucho mayor en la industria discográfica estadounidense; ahora, este mercado la miraba llegar y le pronosticaba un futuro promisorio, no muy diferente a la realidad que vivía de Ricky Martin.

"LA FORMA HA CAMBIADO PERO EL CONTENIDO SIGUE INTACTO"

Con su cabello revuelto, su mirar rasgado y sus "manos sucias", Shakira insistía en que su metamorfosis era sólo epidérmica. "Estoy abierta a metamorfosearme", decía. El cambio de piel seguía la lógica de su música: sus ojos tenían un mirar árabe, apropiado para cantar "Ojos así", y su larga y colorida cabellera le daba el estilo hippie contemporáneo a temas como "Ciega sordomuda".

Al lanzamiento de *Dónde están los ladrones?* le siguieron jornadas agotadoras con la prensa. Durante varios días Shakira no hizo más que atender entrevistas, posar para fotos y hablar frente a cámaras de todo tipo. Con la serenidad de un Buda y la tranquilidad de un pez en el agua, la artista escuchaba las preguntas atentamente, pensaba y respondía, tratando de hacer de las entrevistas charlas amenas y frescas... aunque tuviera que contestar treinta veces las mismas cosas: "dónde le robaron la maleta con sus canciones, qué cosas la inspiran, sus antepasados libaneses...". Shakira hurgaba dentro suyo para encontrar respuestas originales, o por lo menos con alguna profundidad.

Hablando de las letras de sus canciones, explicaba: "Para mí es i-nevitable cantarle al amor en todas sus manifestaciones. Ese maravi-lloso sentimiento que nos hace entrar en trance hipnótico, cataléptico, como en 'Ciega sordomuda', o nos hace entregar hasta los huesos, como en 'Tú', nos hace creer sólo en la persona que amamos como en 'No creo', nos impide olvidar, como en 'Sombra de ti'... Pero mis canciones incluyen letras de contenido social. Tal es el caso de 'Octavo Día' y 'Dónde están los ladrones?', que con una dosis de humor e ironía cuestionan ciertas actitudes que vemos con fre-cuencia".

Para volver a sus orígenes y darle sentido a su nombre, "mujer llena de gracia", Shakira terminaba el disco con un tema que, cantado en árabe y en español, parecía haber nacido en los desiertos de *Las mil y una noches*. "Ojos así" fue un homenaje a sus antepasados libaneses, y con el tiempo se convirtió en su sello personal. "Uno de mis sueños más preciados es poder tocar alguna vez en el Líbano", reconocía en una de sus tantas entrevistas.

En cuanto al alma del disco, era verdad lo que ella misma decía: el corazón de su música no había cambiado. Seguía cantándole al amor usando baladas y música pop. "[Uso elementos del] rock y el pop, o del pop y el rock, no sabría cuál poner primero". Sin embargo, ese disco fue el primer gran paso en el mercado estadounidense, y por eso tampoco importaba demasiado cuánto se hubiera renovado o no, pues ésta era su carta de presentación.

Mientras promocionaba su disco, la prensa le volvía a preguntar sobre el origen de sus canciones y la inspiración. La poesía, decía, la enriquecía espiritual e intelectualmente. Por ejemplo, ahora es-taba leyendo a Mario Benedetti, Jaime Sabines, Pablo Neruda... pero a la hora de componer sus canciones no tenía ninguna idea de cómo salían a la luz. La inspiración le seguía pareciendo un mila-gro. Como ejemplo contaba que "Octavo día" al principio tenía sólo dos párrafos y la música. Nada más. Y estuvo así por mucho tiempo porque no podía resolver el final. Pero estando un día en la ducha, súper trasnochada y sin pensar en la canción, se le apareció primero el primer párrafo del segundo verso, y luego el segundo párrafo, así que tuvo que salir corriendo de la ducha. "Creo que recibo faxes", conclúia sugiriendo que el mismísimo Dios le faxea el material.

6

LOS PRIMEROS PASOS EN EL CROSSOVER

"Aunque pueda ayudarme, no me siento parte de esa explosión. Yo siempre hice pop y rock, mi sonido no es latino."

Si Shakira ya tenía fama de ser obsesiva en todo lo concerniente a su música, nada demostró lo meticulosa que podía ser como cuando comenzó a entrenarse para cantar en inglés. Se había pasado los últimos meses del '98 estudiando el idioma y machacando en su pronunciación y su acento, leyendo libros y mirando películas. Tanto practicaba sus ejercicios durante el día que a veces soñaba en inglés. La autoexigencia era grande. Había admitido más de una vez que su idioma era el español y que no podía componer en otro idioma. "Mis recursos poéticos los extraigo del español, que es una lengua latina, más romántica. El inglés es más rígido, más práctico y directo, y las ideas en ese idioma son más directas. Y yo no soy ni práctica ni simple", decía. Por eso, la tarea de traducir algunas de las canciones había quedado en manos de Gloria Estefan.

Shakira siempre adoró los retos, pero grabar en inglés fue un reto mayor. Ella ya había cantado en portugués para su disco *The Remixes* y lo había hecho con altura, con buena pronunciación y dicción. Pero este nuevo idioma le parecía mucho más difícil de manejar, aunque lo hubiera aprendido años atrás en el colegio de monjas.

A pesar de su obstinada preparación, cuando a Shakira le tocó hacer su debut en inglés, irremediablemente la invadió el pánico. En los amaneceres de 1999 Rosie O'Donnell la invitó a su programa de la mañana, uno de los de mayor audiencia de la televisión, para que cantara por primera vez en inglés para toda la teleaudiencia del país. Ese día, en lugar de O'Donnell la presentadora sería Gloria Estefan. Como una madre que trae a su hija al colegio el primer día de clases, Gloria presentó a la rockera a una audiencia nueva. Las presiones y exigencia de la artista le decían que todavía no estaba lista. Las horas anteriores a su presentación, durmió poco y nada, derramó más de una lágrima y tuvo fiebre —todo por los nervios que tenía. Y una vez en la grabación se sentía enferma y con dolor de garganta. "Fue uno de los momentos más extenuantes de mi vida", le contó Shakira a Gabriel García Márquez en una entrevista que el premio Nobel hizo para revista *Cambio*. "Lloré casi toda la noche pensando que no iba a ser capaz".

Sin embargo, el 28 de enero de 1999, pasadas las 10:00 de la mañana, Shakira entonó los primeros versos de su tema "Inolvidable", y todo el miedo, las dudas y los dilemas desaparecieron. En lugar de ellos quedó su voz, clara y enérgica, cantando en un inglés excelente y limpio. Su voz sonó con tanta fuerza en inglés como en español, y Gloria Estefan se fue en elogios. Esa mañana, su debut por la cadena ABC dejó a todos satisfechos.

Esa presentación de Shakira fue algo así como un bocadillo de la onda latina que llegaba ese año en materia musical. El 24 de febrero, durante una edición algo aburrida de la entrega de los Premios Grammy, un puertorriqueño incendió las pantallas de televisión estadounidenses con su tema "La copa de la vida". Rosie O'Donnell, que casualmente era también la presentadora de la entrega de premios, se quedó impresionada. "Nunca lo había escuchado antes, pero lo estoy disfrutando taaanto", dijo extasiada cuando Ricky Martin terminó su número. Al día siguiente, los discos de la sensación boricua volaron de las tiendas. Incluso en ciudades como Salt Lake City, famosa por su extensa comunidad mormona más inclinada a escuchar música religiosa que cualquier tipo de pop, las tiendas mandaban pedir más Ricky Martin para llenar sus bateas.

El éxito de Ricky Martin esa noche fue no sólo para él, sino para todo el pop latino. Como bien había expresado O'Donnell, había muchísima gente que no lo conocía. Millones de televidentes lo estaban viendo por primera vez en su vida, y sin embargo no podían evitar ponerse de pie y comenzar a bailar. Algo había detrás de su sensualidad y su seductora actuación, y eso era la música, el ritmo, el frenesí del pop latino. Y él fue el primero en introducirse al *mainstream* americano prácticamente de la noche a la mañana.

Este talentoso puertorriqueño comenzó a escalar los ratings para dar paso a lo que se llamó el *boom* latino, que más que una moda pasajera demostró ser una tendencia que aún hoy sigue creciendo. Gracias al éxito de esta actuación, Sony Discos, con Tommy Mottola a la cabeza, decidió introducir con bombos y platillos a sus estrellas del pop latino al mercado americano. La disquera le apostó fuerte a los talentos ya reconocidos en el ámbito puramente latino e invirtió millones de dólares para contratar a nuevos productores conocedores de este cruce de géneros. Así fue como el rapero Sean "Puff Daddy" Combs, el creador de Notorious B.I.G., fue llamado para producir temas de Jennifer Lopez, el canadiense David Foster, ex tecladista de gigantes como John Lennon y productor y compositor de innumerable cantidad de *hits*, fue solicitado a la hora de preparar temas para Luis Miguel. De esta manera, con la mano maestra de grandes productores se lanzaron los primeros discos en inglés de estrellas como

Marc Anthony y Jennifer Lopez, el primero con una sólida carrera dentro de la salsa neoyorquina, y la segunda, ya conocida como actriz pero nueva en el mundo de la música.

Entre ese reducido grupo de artistas al que Sony apostaba fuerte, la voz latinoamericana de mayor éxito en ventas era la de Shakira. La colombiana había probado que podía ser un número uno en América Latina, incluido Brasil, y que podía ser de lo más popular en países europeos, asiáticos y del Oriente Medio. Como si las ventas no hablaran lo suficiente, en varios países como España, Turquía y Argentina, el estilo de Shakira se había convertido en la moda diaria de niñas y adolescentes: en casi todos los colegios había grupos de niñas que se hacían las trencitas de colores, usaban las pulseritas de hilo y escuchaban sus discos hasta el cansancio. Adoraban ese *look* hippie de fin de siglo y se identificaban con las historias de amor construidas con una poesía descomplicada. ¿Por qué no arrasaría también dentro del pop americano?

A conciencia o involuntariamente, el terreno había sido prolijamente preparado y, cuando llegó el momento para el gran salto, Shakira ya estaba lista para el nuevo mercado. *Dónde están los ladrones?* puso a Shakira en las portadas de revistas como *Cosmopolitan, Seventeen, Glamour* y *Latina;* la ubicó primera en los listados de *Billboard* e hizo hablar al *Miami Herald.* Todo esto sin siguiera haber salido de gira. Ese disco también le valió su primera nominación al Grammy. Hasta las críticas habían apreciado el disco. "El revuelo en torno a Shakira está justificado", decía Christopher John Farley en la revista *Time* en la crítica de *Dónde están los ladrones?* "Perderse esta colección sería, como mínimo, un delito".

Por haber sido la compositora de sus temas, Shakira se ganó el premio Billboard Latino por "Ciega sordomuda", "Tú" e "Inevitable". Ese año, por primera vez en la historia del premio, hubo cinco compositores ganadores, y todos tenían tres canciones en su haber. 1999 era el año en que "Livin' la vida loca" arrasaba con todos los galardones, incluido el de Canción del Año por haber sido el tema más escuchado según los listados de Billboard.

"Ciega sordomuda" quedó en los Hot Latin Tracks por varias semanas consecutivas mientras Shakira atendía sesiones fotográficas para revistas femeninas o pisaba estudios de grabación para ser entrevistada. En los artículos que se escribían sobre ella, todos se mostraban sorprendidos de su humildad, su madurez y su respeto por Dios y por sus padres. Se sorprendían también al descubrir que Shakira, además de contar con una voz prodigiosa, contaba con un cerebro igualmente admirable. Algunos descubrían que ella era, efectivamente, la autora de sus propias canciones, y utilizaban una y otra vez la comparación que había usado la publicación *USA Today* meses atrás cuando la presentaba como la "Alanis Morissette latina". La analogía se había dispersado; después de todo, este mercado estaba poco acostumbrado a tener este tipo de cantautoras baladistas que, con una guitarra entre los brazos, son capaces de poner un escenario en llamas con el poder de su canto. Por eso, a la hora de presentar a Shakira, se hacía imposible no caer en la comparación con la artista canadiense, con quien además se asemejaba en la imagen: el físico pequeño, la melena larga y negra, y una guitarra siempre cerca.

Pero Shakira no iba a dejar que la compararan: con una honestidad brutal, se presentaba orgullosa de sus raíces árabes y de su religión católica, admitía ser "una contradicción andante" y decía tener una dependencia total en Dios. ¿Qué otro artista del pop y el rock podría decir una cosa así? Ella se ubicaba solita dentro del rock y lo justificaba diciendo que "el rock es una actitud, es la forma en que expreso mis frustraciones y los sentimientos de impotencia". Con estas palabras Shakira rompía con el cliché de que toda la rockera debe ser agresiva y violenta para ser tomada en serio.

Así cautivaba a sus cronistas y así, cautivante, aparecía en las revistas femeninas y de música el último año del milenio. Vestida con atuendo árabe o con pantalones de cuero, con trencitas de colores o el cabello revuelto, su imagen se multiplicaba en los medios. La revista *People en español* la ubicó entre las mujeres más bellas del '99, y *Seventeen* decía que "aunque no entiendas la letra en español, te va a encantar su mezcla de estilos musicales y el golpe de adrenalina que provoca esta artista". Y junto a las críticas alentadoras, las ventas de su disco se multiplicaban y los primeros reconocimientos comenzaron a llegar. En abril del '99 recibió el Billboard Latin Music Award por Mejor Álbum Pop, y en mayo, dos premios Lo Nuestro, por Artista Femenina y Álbum del Año.

Mientras tanto, en su país no se olvidaban de ella. La revista *TV y Novelas*, la que muchos dicen la ayudó a crecer, la premió en mayo de ese año con el título Artista Colombiana del Siglo. Shakira voló a Bogotá y se presentó en la entrega de premios, una hora y media más tarde de lo esperado, ante un público exultante. Cuando al final de la noche subió al escenario a recibir su galardón, mostró su habilidad para ganarse al público: "Aquí tengo algo que me hace sentir más orgullosa que mis canciones, incluso más que los premios o que el aprecio del público", dijo levantando un pañuelito negro que envolvía algo indescifrable. Hubo suspenso en la sala. Cuando abrió el pañuelo, sacó de él una libretita: era su pasaporte colombiano. "Soy orgullosamente colombiana", concluyó. Y la ovación fue ensordecedora.

Shakira estaba haciendo su *crossover* despacio y pareciera que siempre algo atemorizada de perder a su público colombiano. ¿Temía que cantar en inglés o vivir en Estados Unidos la hicieran menos colombiana? ¿Será que a Shakira le duele vivir fuera de Colombia? Quién sabe. Lo cierto es que tardó mucho en asumir que estaba viviendo en Miami y ya no en Bogotá. Por varios meses vivió en los dos lados, pero poco a poco se fue estableciendo en Miami, Florida. Aunque allí vive ahora casi todo el año cuando no está viajando, nunca dejó de conservar su casa en Bogotá o de ir de vez en cuando a Barranquilla. Y aunque estas visitas sean cada vez más espaciadas,

Shakira siempre se encarga de recordar que su corazón está en Colombia, "una tierra que nunca se olvida de sonreír".

Siempre supo que conquistar sus sueños le demandaría mucho sudor y varias lágrimas —sobre todo para un ser sensible como ella, que según un viejo amigo suyo "llora por todo". Ahora, su carrera la obligaba a establecer su residencia en Miami, a no tener tiempo libre para nadar o andar a caballo (dos actividades que según dice le fascinan), y a pasar muchas horas de su existencia en los aviones. Pero a la hora de hacer balances, estaba jugando en las Grandes Ligas y su camera estaba volando más alto que cualquier avión.

SHAKIRA, LA IMAGEN DE LA NUEVA GENERACIÓN

Dónde están los ladrones? llevaba vendido ya más de 3 millones de copias en el mundo cuando Pepsi le ofreció Shakira su primer contrato multimillonario. Atentos al *boom* latino, a mediados del '99 los ejecutivos de la "gaseosa de la nueva generación" propusieron a Shakira y a Ricky Martin como las caras de la bebida para las próximas campañas publicitarias para Latinoamérica y Estados Unidos. La marca que años atrás había esponsoreado a gigantes como Michael Jackson, Madonna y Tina Turner, y que más tarde acompañaría a Britney Spears en su gira, le había apostado fuerte a la carrera de Shakira.

Pero Pepsi no fue la única empresa que abrió los ojos a la influencia que la música de Shakira estaba teniendo entre los jóvenes. La cadena MTV ya pasaba sus vídeos en todo América Latina y sabía lo popular que era en estos países, por eso le hizo una oferta sabrosa. Subiéndose a la ola que había provocado *Dónde están los ladrones?,* la cadena de cable le propuso realizar un concierto acústico, uno de sus famosos *MTV Unplugged*, colocando a Shakira entre los privilegiados catorce artistas latinoamericanos con ese tipo de concierto. Entre ellos se ubicaban grupos de la talla de Maná y Café Tacuba.

Hacer una presentación totalmente acústica era un gran desafío artístico para Shakira, que tanto se jactó siempre de sus sonidos "discotequeros". Pero estos son los desafíos que ella adora. "El reto fue precisamente no bajarle la energía a los temas, simplemente hacer una versión acústica de ellos y modificar un poco los arreglos". Lo que hizo fue trabajar con algunos de los músicos que la habían acompañado en el último disco para modificar un poco los arreglos de ciertos temas y agregarles sonidos nuevos.

Con ella volvieron a trabajar, por ejemplo, Tim Mitchell, como productor artístico, Luis Fernando Ochoa y el baterista Brendan Buckley. Como siempre, Shakira estaba involucrada en todo: desde la selección de las canciones hasta los nuevos arreglos e instrumentos. Y más.

A la hora de decidir la escenografía, Shakira también tenía sus planes: se le ocurrió llenar el escenario de animales salvajes. Por qué no tener por ejemplo, a un tigre y una serpiente mientras ejecutaba sus temas? La producción del concierto se agarró la cabeza y le pidió que buscara otra alternativa, ya que un concierto así sería muy peligroso para todos. Sin hacer demasiado aspaviento Shakira buscó otros elementos menos controversiales para su presentación y se dedicó de lleno a retrabajar sus canciones, que en definitiva llenarían el escenario mucho más que cualquier animal salvaje.

Cuando todo estuvo listo, en la tarde del 12 de agosto del '99, MTV abrió las puertas del Grand Ballroom del Manhattan Center Studios de Nueva York y dejó pasar a un selecto grupo de espectadores, casi todos fans, que verían un concierto atípico. Shakira se presentó de impecable negro, con pantalones de cuero y camisa simple, con destellos rojos en el cabello y algo de nerviosismo en el cuerpo. Apenas se oyeron los primeros acordes de "Octavo día", sus nervios se hicieron humo y allí estaba ella, despojada de todo e irradiando luz.

Como siempre, su carisma y presencia hicieron de este concierto un evento mágico. Los espectadores estaban desbocados, le gritaban como si fuera una diosa, un ídolo, y celebraban cada una de sus palabras. Entre sus frases hubo sutiles confesiones, como cuando le llegó el turno a "Sombra de ti", que había nacido "a las cuatro de la mañana, en un estudio de grabación, con la luz apagada y el corazón roto".

En el set de grabación sólo faltaron los animales salvajes. En lo demás, el acústico tuvo todo lo que se esperaba: intimidad, energía y muy buena química en el ambiente. El show abrió con "Octavo día" y pasó por el frenesí de "Dónde están los ladrones?" y el conmovedor "Inevitable", que enfervorizó a la audiencia. Como invitado especial llegó el grupo mariachi "Los Mora Arriaga" para "colocarle un poquito de sabor a guacamole" a "Ciega sordomuda". Como nuevo instrumento apareció el dumbek, un tamborcito árabe que marcó el ritmo de "Ojos así", el tema que liquidó la noche.

Los invitados le gritaban, coreaban, cantaban y bailaban. Todos, absolutamente todos, quedaron satisfechos con el concierto. Audiencia y productores. Y también Shakira, que se despedía emocionada: "Me han regalado una noche maravillosa". Para el equipo de MTV, éste había sido uno de los conciertos más fáciles y rápidos de la serie.

La buena repercusión que recibió el vídeo del concierto *Unplugged* en Latinoamérica y Estados Unidos entre la audiencia del canal hizo que MTV y Sony Music decidieran editar el disco y lanzarlo internacionalmente. Cuando todavía estaban sonando en las radios los temas "Ciega sordomuda", "Tú" e "Inevitable" grabados en estudio, las versiones acústicas del *MTV Unplugged* le dieron a Shakira una nueva voz en el mercado de la música.

Terminando el año, Shakira reconocía que precisaba presentarse en vivo, que le faltaba el contacto con su público, y le prometía a sus fans que pronto saldría de gira. La verdad era que esas presentaciones en vivo tardaban en llegar porque ahora no eran Shakira, su mánager ni Sony Music quienes dictaran su carrera, sino, en gran parte, su popularidad. Su agenda estaba repleta de compromisos que debía atender. Estaba experimentando lo que significaba hacer el famoso *crossover...* de manera exitosa. Este proceso la llevaba de entrevista en entrevista y de avión en avión.

Antes de fin de año, por ejemplo, Shakira volvió a Colombia, pero no para dar conciertos. En noviembre llegó a Cartagena para cantar en la coronación de Miss Colombia. Para esta época ya se había vuelto a teñir el pelo, esta vez de rubio, y había conservado algunas trencitas. Cantó tres canciones, entre ellas "Ciega sordomuda", y cerró el show con una brillante interpretación de "Ojos así". Según un reportero, Shakira recibió esa noche más aplausos que las reinas.

Cuando habló con el público se ocupó, muy enfáticamente, de que quedara claro dónde estaba su corazón: "Siempre, siempre pienso en ustedes; siempre, siempre, pienso en mi país, porque los amo". Volver a Colombia la volvía a movilizar, la ponía nostálgica. Sentía la necesidad de asegurarle a su gente que el amor por ellos seguía intacto, que ella siempre sería "de ellos", más allá de sus compromisos laborales y su lugar de residencia.

También cerca de fin de año Shakira fue elegida la segunda cantante favorita, después de Madonna, por la audiencia de MTV de América Latina. Había sido votada por el público de la cadena televisiva como la número dos del mundo, y este segundo puesto le valió la conducción del programa "Mujeres arriba" con el cual la cadena de música presentaba a las mejores artistas del rock y el pop, aquellas mujeres que estaban dejando su marca en la historia. Con varios años menos y una carrera aún en ascenso, Shakira se ubicaba cerquísima de la reina indiscutible del pop, la camaleónica señora Ciccone.

En el mercado publicitario, su segundo contrato multimillonario llegó de otra compañía dedicada a la juventud. La marca Calvin Klein la propuso como modelo para una exitosa campaña gráfica que presentaba a las estrellas de la música vestidas en jeans. Los modelos elegidos eran figuras de diversos géneros aclamadas por la crítica pero que no eran todavia el centro de atención pública. En Estados Unidos la campaña había comenzado con Liz Phair, pero esta vez se eligieron a artistas menos conocidos, como Joshua Todd de Buck Cherry, Lisa Lopez de TLC y Macy Gray (no masivamente conocida en ese momento). Como la única latinoamericana del grupo, Shakira se calzó los pantalones y se dejó fotografiar por Steven Klein para empezar a combinar su imagen con la de artistas norteamericanos en ascenso.

Con este tipo de compromisos, de prensa y publicitarios, la grabación de su disco en inglés, el tan publicitado *crossover*, se iba retrasando. En un comienzo había sido anunciado para mediados del '99, pero ahora el *MTV Unplugged* saldría antes y no había fechas de grabación ciertas para el nuevo álbum.

Aprovechando el retraso del álbum en inglés, Shakira decidió cambiar de mánager. Algunos periodistas hablaron de una pelea entre la artista y Emilio Estefan Jr., y que las relaciones se habían resentido por un conflicto de intereses. Si estos rumores fueron acertados o no, nunca se supo, pero lo cierto fue que Shakira se desligó de la gerencia de Estefan y firmó contrato con Freddie DeMann, uno de los mánagers más codiciados del mercado. Refiriéndose al cambio, la artista decía que "precisaba a alguien que me pudiera dedicar las veinticuatro horas, y Emilio tiene también otros proyectos".

Freddie DeMann había sido el mánager de Michael Jackson y de Madonna, de esta última durante catorce años. Conoce el mercado de la música como pocos, y tiene un olfato agudo a la hora de reconocer estrellas. A la hora de elegir representante, Shakira volvía a demostrar que jugaba en las Grandes Ligas. Después de trabajar con Emilio Estefan Jr. durante casi dos años, ahora tenía al hombre con los contactos y el poder necesarios para ponerla en el mercado mundial. Con la proyección que alcanzaba Shakira en ventas y en imagen, todo parecía indicar que Miami y el resto de los mercados hispanos le estaban quedando chicos.

Pero antes de aquel cambio de mánager, Shakira se tomaba su tiempo para componer su próximo disco, del que ya aclaraba sería parte en inglés y parte en español. También antes de terminar el año, Shakira planeaba su tan prometido tour por América Latina y Europa.

Ahora comenzaba a experimentar lo que significa el éxito con mayúsculas: había sido nombrada Artista del Siglo en Colombia, nominada a un Grammy y recibido decenas de Discos de Oro y Platino, además de un Multiplatino en los Estados Unidos. Con un pie en el famoso *crossover,* ya saboreaba lo agotadora y extenuante que podía ser su carrera. Como siempre, los días no le dejaban tiempo para nada más que el trabajo. "El tiempo es muy cruel y despiadado", reconocía, y de aventuras amorosas, ese año, poco y nada... O por lo menos, nada que Shakira quisiera contar.

7

¿DÓNDE ESTÁ SHAKIRA?

"Yo sólo quiero hacer un álbum que sea tan honesto en inglés como en español."

Shakira pasó el Año Nuevo del 2000 en Barranquilla, rodeada de familiares y amigos íntimos. El histórico comienzo del milenio la encontró vestida con jeans Calvin Klein y bebiendo Pepsi. En los posters gigantes que adornaban las principales ciudades del continente se la veía relajada; en los avisos era quizás el único lugar donde todavía se la podía ver inmóvil. En la realidad, la estrella estaba más agitada que nunca. Seguía dedicada al trabajo tiempo completo, y su abultada agenda le dejaba pocos días de ocio. Apenas celebrar el nuevo año debía viajar a Buenos Aires para filmar un anuncio comercial para los teléfonos móviles Nokia, la empresa japonesa que patrocinaría su gira. Aprovecharía el viaje para ofrecer una presentación y mantener entrevistas con la prensa. Unos días más tarde comenzaría su tan esperado tour, el cual la llevaría por catorce ciudades en el transcurso de un mes y medio. En medio de su gira debía viajar a España y París para dar conciertos de difusion, además de comenzar con la promoción de su disco *MTV Unplugged*, que salía a la venta en febrero siguiente.

Este nuevo año prometía ser uno agotador, pero no sólo en lo laboral: Shakira lo comenzaba con una crisis de identidad. "Estoy pasando por una etapa de mucha inseguridad. Aunque muchos no lo crean", admitía en Buenos Aires. Quizás como una forma de reafirmar su personalidad, había cambiado radicalmente su aspecto. "Aquí tienes", le decía al periodista tocándose el pelo recién teñido de un rubio dorado y platinado. "Muchos me decían 'no, que Shakira es morocha'. ¡Epa! Yo no soy mi pelo. Creo que ya pasé la frontera de ese temor". Pero el periodista no había siquiera mencionado su pelo. En ese momento de inseguridad, su imagen, la antigua, la del pelo azabache y rojo, se multiplicaba en todos los tamaños y en varias ciudades, restando importancia a sus inseguridades.

Sus fans tampoco prestaban atención a sus miedos. Mientras filmaba de incógnito el comercial del teléfono móvil en una estación de subterráneos de Buenos Aires, se corrió la voz de que Shakira estaba allí, y al rato llegaron tantos fanáticos que le prohibieron salir del trailer y hubo que retrasar la filmación por el descontrol de la muchedumbre. Aunque un episodio de este tipo no fuera nada nuevo para ella, ahora reconocía que ya se le habían ido las ganas de llamar la atención y que a cada lugar adonde iba, prefería hablar bajito para pasar desapercibida.

En esa época de inseguridad y búsqueda, después de haber ido al cine a ver una película de James Bond reflexionaba: "Se gastan millones y millones en una película para distraerlo a uno por hora y media. Absurdo, ¿no? Pero de eso vivimos, de distracciones." Y le preguntaba al cronista de la revista *Gente*: "¿será que en mis conciertos pasa lo mismo? Yo me esfuerzo por dar algo más". Y se consolaba: "El arte es un poquito más que entretenimiento".

Considerando que Shakira estaba a punto de entrar al mercado estadounidense con su primer disco en inglés, no sería raro que parte de esa inseguridad tuviera que ver con ese gran paso. La idea de hacer un *crossover*, una producción en otro idioma para ampliar la audiencia, pone a cualquier cantautor inteligente en un dilema: ¿se canta en inglés como un crecimiento profesional para poder llegar a más gente, o se traiciona la propia creación por someterla a los intereses del mercado? Para una artista que se jacta de ser honesta con sus canciones y que dice cantar sólo lo que siente, es esperable que la idea de componer en inglés y para un público nuevo, le provocara más de algún conflicto interno, aunque ella nunca lo mencione.

Quizás tampoco la haya ayudado en su seguridad el haber estado el último año y medio viajando constantemente. Había pasado por una etapa algo nómade, decía. Su casa estaba en Colombia, en Miami, en los aviones, en los hoteles... Realmente le causaba conflicto tener que decidir su lugar de residencia. Pero febrero la encontró de regreso en Miami para presentar el *MTV Unplugged*, su primer disco en vivo, el único que había logrado captar algo de la excitación que se vive en sus recitales. "Este concierto acústico le dará a Shakira la oportunidad de presentarse a sí misma como una artista completa", decía Emilio Estefan Jr. durante la presentación del disco, apaciguando así los rumores de pelea entre la artista y mánager. "Definitivamente ella dejará una huella de sus capacidades artísticas".

El álbum se lanzó ante una nutrida conferencia de prensa integrada por medios de habla hispana e inglesa. Con el pelo lacio y el tiempo ajustado, Shakira respondió a preguntas de todo tipo. Entre otras cosas, los periodistas querían saber por qué había cambiado de mánager. Allí confirmó que quería a alguien que estuviera disponible tiempo completo, y precisó: "Me encantaría tenerlo a Emilio en futuras producciones. [Él y Gloria] son como mis segundos padres". Y volvía a desmentir que hubiera habido una pelea entre ella y su ex mánager (episodio que igual siguió dándole tinta a algunos cronistas que contaban una historia, nunca confirmada, de gritos y broncas). Lo que sí era cierto es que Gloria Estefan le había traducido un par de temas y que Estefan Enterprises volvería a asistir a Shakira en el próximo disco, que esta vez comenzaría a grabarse, en parte, en un estudio de Nassau, capital de Las Bahamas.

TOUR ANFIBIO

Apenas salían a la venta, las entradas se agotaban. La gira, ya anunciada por Shakira meses antes, empezaba en la ciudad de Panamá en marzo y de ahí seguía por las principales ciudades de once países latinoamericanos para terminar luego en Miami y San Diego. Cuando aún faltaban varios días para ese primer concierto, las entradas en Uruguay habían volado. Sucede que en estos países Shakira no es considerada parte del *boom* latino sino, como decía el principal diario uruguayo, *El País*: "Shakira tiene una mezcla explosiva que combina la habilidad comercial con talento y honestidad artística".

El término "Anfibio" fue cuidadosamente elegido por la artista. Después de barajar varios nombres, escogió éste como el que más profundamente la definía: una mujer dual, muy terrenal pero también visceralmente conectada con lo acuático, capaz de adaptarse y dispuesta a "metamorfosearse". Confirmando esta capacidad, Shakira no se quedaba en el molde del pop: además del repertorio ya conocido incluía una canción que siempre adoró. Cantaba, prácticamente a capela, "Alfonsina y el mar", un tema inspirado en la romántica y trágica vida de la poeta Alfonsina Storni y que hizo famoso la folklorista argentina Mercedes Sosa. "Esta canción la escuché de niña en un concurso de canto en mi colegio. Yo quedé tan conmovida, tan admirada... tocó muchas fibras internas. Y luego cuando supe la historia de la canción, mucho más". En síntesis, el concierto del Tour Anfibio pasaba por distintas atmósferas llenas de ritmos rockeros, baladas acústicas y dance music.

Los conciertos comenzaban con los primeros acordes de "Dónde están los ladrones?", momento en que ella salía contorneándose dentro de una membrana ovoide. "Soy una chica del Tercer Mundo... orgullosamente", y se largaba el tema. Siempre con voz potente y ayudándose con su guitarra y armónica, logró cambiar la textura de sus temas como lo había hecho en los estudios de MTV: "Moscas en la casa" llegó en versión acústica, "Ciega sordomuda" tenía el espíritu de una ranchera y "Ojos así" dejaba en el escenario un sabor a desierto y camellos. Comiéndose las palabras de "Estoy aquí", Shakira hacía su falsa despedida. Las palmas y alaridos la hacían volver al escenario para terminar con los bises "Sombra de ti", tema que con el tiempo se convirtió en su preferido, y "No creo".

Entre mediados de marzo y fines de abril del 2000, así se veía la agenda de Shakira, sin mencionar los últimos conciertos con los que se despidió en Buenos Aires:

17 de marzo,	Ciudad de Panamá, Panamá
19 de marzo,	Quito, Ecuador
21 de marzo,	Lima, Perú
23 de marzo,	Montevideo, Uruguay
25, 26, 27 y 28 de marzo,	Buenos Aires, Argentina
30 de marzo,	Santiago, Chile
2 de abril,	Caracas, Venezuela
4 de abril,	Valencia, Venezuela
5 de abril,	Maracaibo, Venezuela
7 de abril,	Bogotá, Colombia

9 de abril,	San Juan, Puerto Rico
12 y 13 de abril,	México D.F., México
16 de abril,	Ciudad de Guatemala, Guatemala
19 de abril,	San Diego, California
20 de abril,	Anaheim, California
22 de abril,	Miami, Florida

Entre los sinsabores de la gira quedaron las críticas por sobreventas de boletos en Guatemala, lo cual podría haber causado una tragedia, según la prensa; los exagerados retrasos a la hora de comenzar los conciertos, un show demasiado corto, y la acusación del uso de música pregrabada en Puerto Rico. Los medios también decían que algunas de las entradas eran demasiado caras, por lo que muchos de sus fans quedaron afuera. Pero según los organizadores, esto último estaba relacionado con el "fenómeno Shakira", que había crecido más de lo previsto.

Fue por las muchedumbres que quedaron afuera que Shakira alargó su gira, que en principio iba a terminar en Miami. Tanto insistieron los organizadores de Buenos Aires, que Shakira terminó cerrando el tour en esta ciudad, en el Campo de Polo frente a 40.000 personas.

Esta gira no sólo puso a Shakira en la boca de todo América Latina, también le valió un puesto entre los Top 50 Tours que la revista *Pollstar* publicó a mediados del 2000. Según este medio especializado en conciertos, que rastrea las presentaciones de varios artistas en los Estados Unidos y resto del mundo, en julio del 2000 había sólo cuatro latinos que figuraban entre los 50 tours de mayor recaudación: Ricky Martin, Luis Miguel, Marc Anthony y Shakira.

A cada ciudad que llegaba como parte del Tour Anfibio, Shakira se presentaba con un equipo de 32 personas y llegaba acompañada, como siempre, por sus padres o por su hermano Tonino. William y Nidia la esperaban al terminar cada concierto para ayudarla en lo que precisara y volver juntos al hotel. Como siempre, seguía rezando antes de subir al escenario y dando gracias a Dios y a su público por la noche que había pasado. Un periodista que entrevistó a Shakira y a sus padres después de un concierto, fue partícipe del buen humor que reinaba en el camerino de la colombiana. Nidia Ripoll, siempre tradicional, quería apuntarle al periodista que "aunque suene vulgar, la niña no cambió", que seguía siendo una niña de su casa. Como estaban en Argentina, a William Mebarak se le había dado por cantar tangos y hacer cómicas imitaciones de personajes porteños. Y a todo esto, la hija de ambos reía a carcajadas: "Papá, no paras nunca". Un rato más tarde, Shakira terminaba la entrevista recitando un poema de Oliverio Girondo.

AMOR CON A, DE ARGENTINA

"Yo creo que me he enamorado y creo haber amado, pero aún no con A mayúscula." —Shakira, 1999

Quizás, y sólo quizás, Shakira no volvió a Buenos Aires porque los organizadores del Tour Anfibio le hubieran insistido que cerrara su gira allí. Quizás, y sólo quizás, volvía a esta ciudad austral por razones del corazón y no por cuestiones de trabajo.

Las historias de cómo Shakira conoció a Antonio, el hijo mayor del presidente argentino Fernando de la Rúa varían radicalmente, pero una amplia mayoría de cronistas argentinos registraron la historia de la siguiente manera. Las primeras miradas y palabras las cruzaron en enero del 2000, cuando ella estaba de pasada por Buenos Aires cumpliendo los compromisos con uno de sus auspiciantes y él estaba en plena campaña política. El mágico encuentro ocurrió en un restaurante. "Fui a cenar con Aníbal Ibarra [amigo y político] y de repente veo, a lo lejos, unos ojos así como... Y me atrapó. Me atrapó y nos empezamos a mirar. Cuando se levantó, la ví de cerca y la reconocí", le contó Antonio a la revista argentina *Gente*. Entonces se levantó y se presentó. En ese momento se conocieron, pero Shakira debía regresar a Miami para preparar su gira. Una gira que incluía, entre otras, la ciudad de Antonio.

Debieron pasar un par de meses para que se produzca el segundo encuentro. En una de esas presentaciones en Buenos Aires como parte del Tour Anfibio, más precisamente en la noche del 25 de marzo, se encontraban entre los espectadores de las primeras filas los dos hijos del presidente de Argentina: Antonio y Aíto. Cuentan cronistas que al terminar el concierto, los dos hermanos fueron a ver a Shakira al camerino para felicitarla por el espectáculo.

"Me encanta tu música", le dijo Antonio a Shakira, segun la revista *Gente*. Según contó él más tarde, ya escuchaba sus discos antes de conocerla. "Sólo quería saludarte, felicitarte y decirte que, bueno, si llegás a volver a la Argentina me gustaría asesorarte para que conozcas algunos de nuestros lugares. No sabés lo que son las bellezas de nuestro país. ¿Qué decís?". Así, con esta frase quizás algo trillada, volvió a encontrarse Shakira con el hijo mayor del presidente argentino, un joven de 26 años, abogado y experto en estrategias de comunicación. Además de trabajar en el gobierno, Antonio de la Rúa había integrado el equipo de publicitarios que trabajó en la campaña presidencial de su padre, la que finalmente lo ayudó a ganar las elecciones.

Nunca se supo qué le contestó Shakira a Antonio en el camerino, pero a juzgar por los hechos, fue un sí rotundo. La cantante decidió aprovechar la oferta, y un mes y medio más tarde volvía a Buenos Aires para ponerle un broche de oro a su gira y tomarse unas merecidas vacaciones... con Antonio de la Rúa como "guía turístico". Junto a sus padres, Shakira viajó a San Martín de los Andes y a Bariloche, dos centros turísticos en la cordillera de los Andes. Lo que siguió a este encuentro fue una maratón de fotógrafos y cronistas que le seguían los pasos a la joven pareja pronosticando un romance. Los periodistas sabían todo: qué comían, qué hacían, qué ropa vestían.

Cuando los medios repetían incansablemente que Shakira y Antonio habían alquilado una película de Woody Allen y al día siguiente no salieron del hotel, Nidia se encargó más tarde de aclarar los términos de la relación. "Ellos no estaban de luna de miel y nunca compartieron la misma habitación", confirmó, dejando en claro que la intimidad de los novios concluía a la hora de irse a dormir. De todas formas, las revistas del corazón mostraban fotos que demostraban que química, entre los dos, no faltaba.

Más allá de las declaraciones de Nidia Ripoll, el romance entre Shakira y el hijo del presidente argentino fue un boom que rosonó a nivel mundial. La semana en que se dispersó la noticia del romance, el nombre Shakira fue la sexta palabra más solicitada en todo el mundo a través del motor de búsqueda AltaVista. Y en Colombia, cuando el presidente de la Rúa llegó a Cartagena, Colombia, como parte de una cumbre de mandatarios latinoamericanos, un diario local anunciaba que llegaba "el suegro de Shakira".

Después de pasar aquellos días en el sur argentino escapando de paparazzi y curiosos, Shakira voló a Miami. Debía seguir con la realización del disco, que como ella reconocía, se estaba atrasando un poco —algo nada nuevo en Shakira. "Shakira Mebarak la retrasada", se había denominado ella misma alguna vez, riéndose de su propio karma. Sony ya le había reservado los estudios Compass Point en Nassau, Bahamas, y allí se dirigió con sus músicos y productores. En el mismo recinto donde habían grabado artistas de la talla de Bob Marley y los Rolling Stones, esta vez se encerró ella con sus músicos para ponerle los compases y arreglos a sus temas.

Los que esperaban ver a Shakira despegar del archipiélago con su nuevo disco bajo el brazo, se confundían ampliamente. Después de varios días de trabajo ella misma anunció que no estaba ultimando su disco, como decían algunos medios, sino más bien comenzándolo.

"Ya he compuesto temas para este álbum", decía. "Pero todavía me falta algo, siento que tengo que escarbar dentro de mí para liberar sentimientos que llevo presos". Quizás para liberar esos sentimientos fue que pasó por las Bahamas, muy fugazmente, Antonio de la Rúa, quien a esa altura los cronistas ya llamaban "su novio", aunque ellos dos sólo dijeran estar conociéndose.

La relación amorosa con el hijo del presidente argentino fue haciéndose obvia pero se confirmó en Miami, adonde Shakira voló desde Bahamas. Apenas aterrizar en Florida le esperaban una serie de entrevistas y otros compromisos contraídos con anterioridad. Pero entre los días de trabajo Shakira se hizo tiempo para su novio argentino que viajó hasta Miami sólo para verla. Salieron a cenar, pasaron algunos días en la playa y se bañaron en el mar. Cerca de ellos estaban siempre Nidia, William... y los paparazzi. Estos últimos se encargaron de comprobar con sus lentes que el romance era cierto, y las fotos de los dos besándose en la costa de Miami dieron la vuelta al mundo. Los fotógrafos los habían retratado hasta el cansancio: besándose, caminando, en el mar, acariciándose....

A pesar de lo natural que podía parecer un romance entre una cantante de 23 años y un abogado de 26, éste fue quizás el más desafortunado amor que pueda haber tenido el hijo del presidente. No para él, en realidad, sino para su padre. Estas fotos hicieron las portadas de las principales revistas argentinas para contrastar el "frívolo romance" del hijo del presidente con el drástico recorte de sueldos de más de 140.000 empleados del estado que su padre estaba implementando como parte de un ajuste del gasto público. El *timing* fue increíble. Estas fotos levantaron una gran ola de críticas en Argentina, ya que el padre de Antonio había asumido algunos meses antes prometiendo austeridad y transparencia en su gobierno. Pero ahora, la prensa argentina se preguntaba de dónde sacaba el dinero Antonio para viajar tanto.

Pero Shakira y "Toñito", como le llaman las revistas del corazón, parecían vivir su romance ajenos a la realidad que los rodeaba. Ella atrasaba un poco su próximo disco, y él dejaba atrás los problemas políticos para atender a su novia. Nidia parecía contenta con su posible futuro yerno, o por lo menos eso decía en sus declaraciones a la prensa. Para ese entonces, cuando ya no se podían ocultar, ambos reconocían estar enamorados y "ser novios". Aun así, para evitar malos entendidos, durante su estancia en Miami, Antonio se hospedó en el departamento de un amigo, y no en la casa de los Mebarak.

PRIMER GRAMMY LATINO, UN ACONTECIMIENTO HISTÓRICO

Hacía ya varios años que la National Academy of Recording Arts and Sciences (NARAS), entidad encargada de entregar anualmente los premios Grammy, venía recibiendo duras críticas por la forma en que se agrupaban a los artistas latinos y cómo se elegían a los ganadores. Por otra parte, dentro de la organización había varios productores y ejecutivos de la industria que estaban haciendo lobby para instaurar un premio de la Academia que fuera sólo para la música en español, cualquiera fuera su género. Como había adelantado Michael Greene, presidente de NARAS, después de ver la impresionante actuación de Ricky Martin en la entrega de los Grammy 1999: "Estamos dispuestos a representar más música latina en nuestros próximos eventos". Y después de doce años de debate interno, el nuevo milenio tenía a Michael Greene presentando un nuevo tipo de galardón que pertenecía a la música latina exclusivamente: se trataba del Grammy Latino, que al igual que el Grammy "clásico" sería votado por artistas y ejecutivos de la industria, esta vez pertenecientes a la música latina y latinoamericana.

Este nuevo Grammy nació con 40 categorías, entre las cuales había géneros tan diversos como el pop, rock, ranchera, tango, salsa, merengue, norteño, flamenco y latin jazz, además de categorías especiales para la música brasilera. Esta vez, no habría quejas (o al menos eso parecía): los jueces serían los mismos músicos y productores de estos géneros y serían tomadas en cuenta todas las producciones discográficas sin importar dónde se hubieran grabado, cuando anteriormente todos los discos tenían que ser lanzados en el mercado estadounidense para poder participar.

La industria discográfica de los Estados Unidos reconocía así que el mercado latino estaba creciendo y era lo suficientemente sólido para tener su propio espacio. Ni qué decir, tenía el potencial necesario para hacer de la ceremonia de premios, un acontecimiento televisivo. La celebración de la primera entrega de los Grammy Latinos sería emitida por la cadena CBS, la misma que transmitía los Premios Grammy cada año, y sería una fiesta bilingüe, convirtiéndose en la primera transmisión bilingüe en horario central en la historia de la televisión abierta.

Dos meses antes de la entrega de los flamantes premios, el 7 de julio del 2000, se dieron a conocer los nominados en las distintas categorías. El día en que se supieron los finalistas, muchas fueron las sorpresas, sobre todo para artistas no estadounidenses que recién se enteraban de que este premio existía. Shakira recibió un total de cinco nominaciones: "Ojos así" la dejó finalista para el Grammy Latino a la Mejor Voz Femenina en Pop, "Octavo día" la nominó a Mejor Voz Femenina en la categoría Rock; *MTV Unplugged* fue finalista en las categorías Álbum Pop y Álbum del Año, y su vídeo "Inevitable" le valió la nominación a Vídeo del Año.

"OJOS ASÍ"

Como una muestra de la diversidad que encierra la música latinoamericana tras la amplia etiqueta "latina", el 13 de septiembre del 2000 desfilaron por el escenario del Staples Center de Los Ángeles los géneros y artistas más dispares que se puedan concebir. Por allí pasaron las guitarras flamencas de Tomatito, la voz aterciopelada del brasilero Djava y la música mariachi del mexicano Alejandro Fernández. Los protagonistas hicieron de este evento una reunión deliciosamente ecléctica, digna de llamarse "latina". Y en la fiesta no faltó la gala: una hora antes de que todo comenzara, los invitados a la fiesta descendían de sus limos para pisar la alfombra roja y ser recibidos por Jon Secada. Mientras esto sucedía en la acera del Centro de Convenciones, dentro del recinto la presentadora Rebecca Rankin daba algunos adelantos de lo que vendría. Entre los artistas que actuarían esa noche, no pudo dejar de recomendar el número de "una tal Shakira", cuya actuación en los ensayos la había dejado boquiabierta. Y su comentario fue el de una vidente: la actuación de la colombiana sería una de las más recordadas por la prensa.

La artista llegó al auditorio enfundada en un vestido verde de corte irregular diseñado por la argentine María Vázquez. Completaba su atuendo con unas botas de cuello alto y el pelo rubio salvaje. Llegó acompañada por sus padres y por Antonio de la Rúa, que se sentó al lado y se mantuvo siempre cerca de la nerviosa Shakira. El espectáculo comenzó con un homenaje a Tito Puente cantado por Celia Cruz, Gloria Estefan y Ricky Martin, que tenía nada menos que a Sheila E. en los timbales. Fue un comienzo caliente para una noche movida. Los presentadores de la noche, Jimmy Smits, Gloria Estefan y Andy García, iban presentando a los invitados especiales que llegaban a entregar los premios.

Uno de los primeros premios de la noche, el de Mejor Voz Femenina en Pop, fue para Shakira por "Ojos así", dejando con las manos vacías a Christina Aguilera, que esa noche estaba nominada por su tema "Genio atrapado", en su primera incursión en el mercado hispano. Shakira estaba conmovida, orgullosa y feliz: llegó al escenario sin discurso escrito y buscó en su mente lo que ya tenía preparado. Le dedicó el premio a su Colombia, "una tierra que a pesar de estar pasando por un momento difícil, nunca, nunca se olvida de sonreír". Y su propia sonrisa le iluminó el rostro. "¡Para ti, Colombia!"

Cuando volvió al escenario, Shakira no vestía en tonos de verde y tampoco sonreía tímidamente. Su segunda aparición en los Grammy

Latinos fue para adueñarse del escenario y hacer lo que sabe: cantar. Jimmy Smits la presentó con las más elogiosas descripciones y los primeros acordes de "Ojos así" sonaron en la sala. Convertidos en antiguos esclavos del Medio Oriente, un grupo de bailarines abrió el número presentando a la Diosa del Desierto: una rubia de pantalones de cuero rojo y medallitas en las caderas que hizo su entrada contoneándose como una serpiente. Shakira se apoderó del escenario como una odalisca rebelde: con movimientos sensuales y mirar felino. Pero no se detuvo en la imagen. A la hora de justificar el Grammy recién obtenido, tomó el micrófono de pie y le cantó con la furia de una rockera veterana. Y cuando podía, arrancaba de sus caderas la famosa danza del vientre, poniéndole los acentos a las palabras del dumbek. Detrás, el escenario estaba en llamas. Los rojos, amarillos y naranjas se mezclaban con los dorados para dar a su número un poder abrasador. Cuando terminó, el público de la sala, aún boquiabierto, la aplaudía de pie.

Después de su presentación, nuevamente le tocó sufrir la incertidumbre del siguiente Grammy Latino, donde estaba nominada como mejor vocalista femenina de rock por su tema "Octavo día". En bambalinas, Shakira esperaba, otra vez tímida, el resultado. Cuando su nombre salió de los labios de Jaci Velásquez, la artista colombiana no lo podía creer. Salió de bastidores caminando rápido, algo confundida y pensando qué decir. "Éste sí no me lo esperaba", sonrió feliz. Y reflexionando continuó: "Hace un rato, cuando me dieron el primer Grammy [...] me emocioné mucho, porque me di cuenta cómo ustedes lo celebraban conmigo", y el público volvió a ovacionarla confirmando sus palabras. "Los logros no valen nada si no tenemos con quien compartirlos", decía encontrando por fin la reflexión que estaba buscando. "Y yo tengo gente con quien puedo compartir mis logros". Por la fuerza con que la audiencia festejó sus palabras, obviamente tenía razón. Además de sus padres, su novio y sus amigos, había mucha gente que celebraba estos premios con ella.

Los dos Grammy Latinos son un premio mayor en la carrera de Shakira. Son el reconocimiento de sus pares a su música en general, y uno de sus temas ganadores, "Ojos así", es una de las creaciones más viscerales y auténticas que pueda entregar esta artista. La fusión de ritmos es algo bien latino, porque como dijo Shakira: "los latinos somos fusión". Sin embargo, este tema es algo más que fusión de ritmos pop y orientales. "Ojos así" es el homenaje a sus antepasados, y es el tema que le permite bailar la danza del vientre. Esa noche de los Grammy Latinos, cuando el público la ovacionaba de pie, estaba ovacionando la esencia de Shakira: "Una combinación de elementos que provienen de distintos lugares pero que conviven armoniosamente bajo un mismo techo". Esto es ella y ésta es su música. Y la audiencia, y el público en sus casas, adoraba su franqueza.

Cuando Shakira dice que tiene el gran sueño de poder visitar el Líbano y cantar allí para una multitud, lo dice en serio. Ella honra a sus antepasados con la música, con la danza y con la comida. Reconoce y respeta el llamado de su sangre en todos los ámbitos de su existencia. A la hora de orarle a Dios, le reza al Dios de los católicos y sigue los preceptos de su Iglesia. Es piadosa, es humilde y es sensible de nacimiento. Cree que es importante usar todos los sentidos, esas ventanas al mundo que tenemos los seres humanos. Y a la hora de componer canciones y fabricar melodías, la asalta la rebeldía y precisa darle a su música una actitud rockera. Por eso se autodenomina rockera, y no le importa que otros le digan que se mueve más en las arenas del pop. Ella no se ubica en uno u otro género. "Pop, rock, rock, pop, no sabría cuál poner primero", dice a menudo, y quizás por eso prefiere llamar a su música "fusión" y definirse ella misma como "ecléctica".

Ella es espiritual y carnal, aunque jamás hable de sexo. Es religiosa, pero también es increíblemente sexy. Es apasionada, pero también muy cerebral. Es la más exigente y obsesiva en el trabajo pero la que también está dispuesta a escuchar y aprender. Quizás en todos estos equilibrios, siempre inestables, radique la sabiduría de Shakira. Porque no se niega ninguna posibilidad de ser y hacer, confiando en la existencia de un Ser Superior que la guía. "Quiero ver qué hay del otro lado del río. Soy una mujer de retos y tengo que enfrentarlos con valentía, pues no deseo quedarme con la duda de lo que pudiera pasar", decía promediando el Tour Anfibio. Cuál es su objetivo último, no lo confiesa, "por miedo a ser malinterpretada", dice. Quizás, y sólo quizás, una de sus metas sea la de convertirse en estrella de la pantalla grande. No sería la primera cantante que sigue esta senda. De hecho, según reporta la revista *Variety*, nuestra artista fue considerada para los roles que luego interpretaron Catherine Zeta-Jones (en "La Máscara del Zorro", junto a Antonio Banderas) y Penélope Cruz (en "All the Pretty Horses", junto a Matt Damon). Para esta última película, la agenda de Shakira estaba tan ocupada que no pudo llegar a tiempo al casting. "Yo sé que eso llegará, es cuestión de tiempo", le confiaba más tarde a un periodista. Sin embargo, por ahora, su prioridad es la música.

Si en lugar de dominar Hollywood su objetivo último es dominar el mundo, lo está logrando. Al mes de su impresionante actuación en los Grammy Latinos, la revista *Rolling Stone* le dedicó una de sus primeras páginas, algo que rara vez sucede con un artista latinoamericano. Con dos fotos de Shakira en su inolvidable atuendo rojo del 13 de septiembre, la revista la nombraba la Reina del Grammy Latino, la artista que estaba invadiendo la escena de la música por derecho propio. La publicación rescataba su condición de compositora, característica que "la diferencia de otros artistas que actuaron esa noche como N'Sync o Christina Aguilera", y que en el mundo de la música adolescente son la mayoría. La revista también resaltaba las palabras de la artista: "No prometo que vaya a hacer un *crossover* exitoso, sólo prometo que voy a hacer un gran, gran disco". Y en eso estaba al momento de imprimirse aquella reseña.

Shakira pasó los meses de octubre y noviembre del 2000 encerrada en una finca de Punta del Este, Uruguay, un centro de veraneo muy concurrido durante el verano austral pero que en la primavera está prácticamente desolado. Escapando de periodistas y fotógrafos, llegó con sus padres a la finca que, cerca del mar y lejos de las carreteras, está a media hora de avión de Buenos Aires, donde reside Antonio. En una casona grande en medio del extensísimo terreno, rodeada de verde, animales de granja y caballos, Shakira esperaba encontrar la inspiración que le faltaba para terminar de darle el último soplo de vida a este *crossover*.

A la casona alquilada por Sony Music (por la que según medios argentinos se invirtieron $ 25.000 dólares) llegaron Shakira, sus padres, sus maletas y una gran mesa de sonido que ocupó uno de los cuartos. Algunos días más tarde comenzaron a llegar los músicos y productores para retomar la producción del disco, aún sin nombre. Como había sucedido con el álbum anterior, para la producción de éste hizo falta mucha gente. Esta vez, además de los productores Tim Mitchell, Lester Méndez, Javier Garza, Pablo Flores, Luis Fernando Ochoa, y el baterista Brendan Buckley, habría un nuevo compositor y productor en el equipo: el reconocido Glenn Ballard. Si algunos compositores pasan desapercibidos a la hora de recibir los créditos por colaboraciones en canciones que son *hits*, este hombre no es uno de ellos. En la industria discográfica, Ballard no sólo tiene fama de poder escribir números uno en colaboración con cantautores célebres, como Alanis Morissette y Dave Mathews, sino que tiene la reputación de ser una excelente influencia en el proceso creativo del compositor con el que trabaja. Glenn Ballard ha sido algo así como el "gurú", el "medium" para que ciertos artistas encuentren su propia voz. Por esta reputación de la que goza el carismático Glenn Ballard —y por haber trabajado con Alanis Morissette, la eterna comparación de Shakira— es que algunos esperan con ansiedad la conación que escribió con la artista.

Mientras tanto, en Estados Unidos, la expectativa en torno al disco crecía. Unos días después del Grammy Latino, America Online, el primer servidor de Internet en Estados Unidos, llevó a Shakira a las casas de millones de usuarios cuando en su página principal la destacaba como el nuevo gran talento latino después de Ricky Martin.

Otros sitios de Internet le dedicaron sus páginas, en inglés en español. Hasta la versión *online* de *Rolling Stone* le había dedicado ya una biografía completa en su sitio. También en la Web, el apoyo de sus fanáticos le valió a Shakira ganar el premio Vídeo de la Gente (People's Choice Award) de MTV Latinoamérica por "Ojos así", video con el que compitió en septiembre de ese año en los Video Music Awards de MTV. Desafortunadamente, sólo quedó finalista

Al promediar noviembre, su poplaridad también colocó su nombre entre los nominados para el premio Mejor Artista Latina del American Music Awards 2001, categoría en la que compitió con Enrique Iglesias y Marc Anthony. Y antes de comenzar ese año, ya habia una empresa confeccionado los diseños del prototipo para una muñeca Shakira.

En sus ratos libres en Punta del Este, Shakira estaba con Antonio. Él se tomaba un vuelo de media hora desde Buenos Aires cada vez que podía, y se hospedaba por algunos días en la casa de los Mebarak. Como siempre, los padres de ella, especialmente su madre, nunca andaban lejos. Nidia no tenía problemas en confesarle a la prensa que había venido a Punta del Este "para hacerle compañía [a su hija] como vigilante". En ese rol de chaperona le decía a un semanario argentino estar encantada con su posible futuro yerno. Y aclaraba que, aunque Shakira y Antonio vivieran su romance "intensamente", dormían en camas separadas. Para que no hubiera confusiones.

Rodeada de sus amores —padres, música y Antonio, que iba y venía desde Buenos Aires— Shakira pasó los últimos tres meses del 2000 en la finca de Uruguay componiendo, escribiendo y trabajando codo a codo con sus músicos y productores. El trabajo fue intenso, porque como dice ella: "Trabajar conmigo no es nada fácil, lo reconozco". Tan exigente es con su trabajo que prefirió ignorar las canciones que ya tenía traducidas al inglés, entre ellas "Inevitable" y "Ojos así", y prefirió en cambio componer material totalmente original aunque esto significara invertir más tiempo y sudor. Shakira se había tomado muy en serio su decisión de conquistar el mercado estadounidense y cada paso dado en los últimos tres años había sido a conciencia. Desde contactar a Emilio Estefan, después a Freddy De-Mann, y más tarde al productor Glenn Ballard. Después de las dos victorias obtenidas en los Grammy Latinos sabía que había un público nuevo, virgen y curioso, que estaba esperando escuchar su próximo disco. Y no sería ella la encargada de defraudarlo.

Cuando Shakira se enteró en noviembre de que había sido nominada al American Music Awards (AMA) como Mejor Artista Latino, seguramente se dio cuenta del gran salto que estaba dando su carrera. Los nominados al AMA son designados por la industria de la música en base al índice de popularidad de los artistas, y los ganadores son elegidos directamente por voto popular —para una recién llegada al mercado estadounidense, esta nominación ya era un premio. "Este es un voto especial de confianza de mis admiradores americanos y llega en un momento especial para mí", reconocía. Era la primera vez que nuestra artista estaba nominada para este premio "americanísimo", y en la misma terna estaban nada menos que Marc Anthony y Enrique Iglesias. Que su índice de popularidad estaba creciendo era obvio, y eso era un incentivo (o una presión) más para producir el mejor material posible. "Quiero hacer un gran álbum, con canciones honestas y buena música", le decía a la agencia de noticias *Notimex*. "He escrito 30 canciones hasta ahora, algunas en inglés y otras en español, y estoy muy emocionada por cómo está quedando", concluía.

Fuera de estos esporádicos contactos con la prensa, Shakira se mantenía más bien aislada en su finca. Ni su mánager ni su casa discográfica le dejaban dar entrevistas hasta tanto no terminara su disco, que para ese entonces los involucrados calculaban saldría a la venta en la primavera boreal, es decir entre marzo y junio del 2001. Si el disco iba a ser totalmente en inglés, o parte en este idioma y parte en español, todavía no se sabía al finalizar el 2000. Probando la libertad poco común que tenía Shakira dentro de la industria, ni Sony Music ni Estefan Enterprises podían decir con seguridad si la artista incluiría temas en español. Sólo fue en marzo que se supo que el 80 por ciento de su disco sería en inglés y 20 por ciento en español.

Cuando llegó diciembre, Shakira levantó campamento. Después de haber pasado casi tres meses sumergida en sus obras, llegaba la hora de abandonar aquél "útero creativo" en la costa uruguaya y volver a casa. Shakira volvió a Miami para organizar todo el material que había dado a luz con la ayuda de sus productores y músicos, y también para volver a preparar las valijas. A los pocos días de llegar a casa volvió a encontrarse con Antonio para tomarse unas merecidas vacaciones. Juntos volaron a Viena y más tarde a Marruecos, apunta la revista *Gente* argentina. Según ese medio, Shakira y Antonio pasaron juntos y solos sus primeras Navidades y lo hicieron en Casablanca, la romántica ciudad donde Humphrey Bogart enamoró a Ingrid Bergman. Y algo de magia debe haber en aquél rincón del planeta, porque cuando volvieron de vacaciones los dos estaban relajados, sonrientes y más enamorados que nunca. Cuando llegaron de Marruecos a comienzos del 2001, cuentan unos vecinos que ambos vestían túnicas marroquíes blancas. A Shakira le duró bastante la onda marroquí: promediando enero era común verla por la *Millonaire Road* vestida en túnica y sandalias con medias, así estuviera yendo al estudio de grabación. También era común verla acompañada de un pequeño caniche blanco llamado Cupido, el perrito que Antonio le había regalado para Navidad.

Pero Antonio no acompañaba a Shakira a todos lados. Cuando en enero la artista viajó a Barranquilla para el casamiento de uno de sus hermanos lo hizo sola o con su padre, pero sin su novio. Fue una visita fugaz —de acuerdo a la revista *TV y Novelas* Shakira pasó en La Arenosa no más de un día— que sirvió para acompañar a su hermano mayor Alberto en el día de su boda y para reencontrarse con su familia paterna. Apenas terminó la fiesta Shakira estaba volando de vuelta a Miami, a su casa y, más importante, a su trabajo. Según ella misma decía, el disco debía estar listo para marzo, así que estaba con los días contados.

Por supuesto que su apretadísima agenda de trabajo tuvo un espacio de varias horas para festejar su cumpleaños. Shakira comenzó el 2 de febrero con la llegada de Antonio, que llegó a la mañana desde Buenos Aires con flores y un osito, y lo terminó en el popular restaurante Bongos, en una fiesta que su promotor Jairo Martínez le había organizado y que se extendió hasta las cinco de la madrugada. Allí estaban todos sus amigos, sus padres, el mundillo del espectáculo que reside en Miami, y por supuesto su novio, con quien hasta el momento llevaba un año de relación.

En la antesala del esperado *crossover,* a Shakira le esperaba otra sorpresa, quizás una de las mejores de su carrera. Los American Music Awards se entregaron el 8 de enero en el Auditorio Shrine de Los Ángeles. En esa oportunidad fue la popularidad de Enrique Iglesias la que lo nombró Artista Favorito de Música Latina en Estados Unidos, dejando a Shakira y a Marc Anthony con las manos vacías. Pero esta derrota poco importó a la cantante: cinco días antes había recibido una nominación al premio más importante de la industria discográfica, uno que es dorado, tiene forma de gramófono y que todo profesional de la música sueña tener.

El 3 de enero, justo el día en que Shakira aterrizaba en Miami proveniente de Marruecos, se anunciaron en Beverly Hills, Los Ángeles, los nominados para la 43a. entrega de los premios Grammy. Shakira recibió una sola nominación y fue en la categoría de Mejor Álbum Pop Latino por su disco *MTV Unplugged*. Compartiendo con ella la categoría estaban el romántico Luis Miguel por *Vivo*, el seductor Alejandro Sanz por *El alma al aire*, el boxeador y ahora cantante Oscar De la Hoya, y Christina Aguilera, que volvía a competir con Shakira con *Mi Reflejo*. Ésta era la segunda vez que Shakira recibía una nominación al Grammy. Dos años atrás el premio había terminado en las manos del grupo mexicano Maná, y por eso esta vez no quería hacerse ilusiones. Sin embargo, esta segunda nominación encontraba a Shakira en un lugar más promisorio: ya había ganado dos

Grammy Latinos, uno de los cuales se lo había robado a Christina Aguilera, y su índice de popularidad estaba en aumento en Estados Unidos. Quizás donde más se podía ver esa popularidad era en los medios. Promediando febrero, por ejemplo, *The Wall Street Journal* hablaba de Shakira como "el modelo latino de la nueva cultura global". En el prestigioso periódico, Bruce Orwall hacía una breve recopilación de su carrera y de cómo se fue preparando para convertir su éxito latinoamericano en uno estadounidense, cómo pudo agregarle a su talento los sabios consejos de creadores de estrellas como Emilio Estefan, Tommy Mottola y Freddy DeMann. De esta manera, el redactor comparaba la popularidad de Shakira con la de otros fenómenos culturales extranjeros que hicieron furor en Estados Unidos, como el show televisivo "Survivor", la película japonesa "Pokémon" y la serie de libros infantiles de Harry Potter. Pero en el caso de un compositor y cantante, el redactor advertía, con esa "globalización" se corría el peligro de perder la audiencia sobre la cual se había crecido, en el caso de nuestra artista, la latinoamericana.

Pero Shakira ya había pasado por esas inseguridades y ahora estaba dando el siguiente paso a todo motor, como si atrás hubiera quedado el temor a perder sus raíces. "Voy a hacer un disco honesto", había repetido hasta el cansancio. Y eso le dejaba la conciencia tranquila. Ésa era su meta y por eso había pasado tantos meses absorbida por su trabajo. A esa altura ya tenía terminadas 15 canciones en inglés y decía estar enamorada de las 15. Y viniendo de alguien tan exigente como ella, el disco sonaba prometedor.

Como decíamos, Shakira tenía posibilidades de ganar el Grammy aquel 21 de febrero del 2001. Pero aquella derrota anterior la artista llegó al Staples Center de Los Ángeles esperando perder. "Tratamos de mantener muy bajas las expectativas para no repetir el síndrome del que sale de la fiesta sin piñata", dijo a la prensa tras la ceremonia de los Premios Grammy. Llegó al auditorio enfundada en un ajustado y sexy vestido dorado, nuevamente un diseño de la argentina María Vázquez, y caminando tranquilamente de la mano de Antonio de la Rúa. Para las cámaras de televisión que cubrían "la alfombra roja" de los Grammys, Shakira no existió. Por ellas pasaron en cambio Christina Aguilera, las integrantes de Destiny´s Child y Shelby Lynn. Entre las actuaciones de la ceremonia, la más esperada era la de Eminem y Elton John, y esa fue sin lugar a dudas la más aplaudida. También actuaron Madonna, Mobi y Christina Aguilera. Pero ninguno de los tres ganó. Esa fue la noche de U2 —aunque ni Bono lo pudiera creer— y Steely Dan —el dúo que hizo furor en los setenta y ochenta y ahora volvía con nuevo material. Y también fue la noche de Shakira —aunque ella tampoco lo hubiera podido creer.

Cuando Shakira escuchó que desde el escenario la llamaban a recibir su Grammy al Mejor Álbum Pop Latino, sus ojos se abrieron como platos. No lo podía creer, estaba tan sorprendida que miraba para todos lados esperando que alguien le dijera que era una broma. Pero no, era en serio y no sabía cómo reaccionar. "Era como un temblor por dentro, como un ahogo, como si no pudiera controlar el pulso cardíaco", le dijo al diario *El Tiempo* de Colombia. Pero no tardó en reponerse, soltar la mano de Antonio y caminar rápido al escenario. Se sentía torpe, pensaba que en el camino iba a tropezarse con el vestido y caer de bruces al piso. Y cuando por fin llegó al escenario y tomó en sus manos el tan soñado premio estaba tan conmovida que no sabía qué decir. Además, no había preparado ningún discurso, quizás por cábala. Estaba radiante, feliz, exultante y se le notaba. Las palabras le llegaron como fruto de la emoción: compartió su premio con Antonio, "el amor de mi vida", con la gente que la había ayudado en su carrera y con todo su público latinoamericano. Volvió a dedicar el premio a su país y a su gente. Y especialmente a ellos saludó con un "¡Viva Colombia!", quizás las únicas palabras en español de toda la ceremonia, un grito que salió tan de las entrañas que demostró claramente dónde estaba el corazón de Shakira en ese momento.

Y su país le respondía con el mismo amor. En Colombia festejaron este Grammy como si fuera la victoria en un Mundial de Fútbol. Hasta pusieron el Himno Nacional aire mientras Shakira recibía el famoso gramófono. Al día siguiente, ella y su premio ocuparon los titulares de todos los diarios del país y unos días más tarde las revistas más importantes le dedicaron las portadas. Estaba claro que en su tierra natal seguía siendo una heroína, un orgullo nacional y, para muchos, un ejemplo a seguir. Aunque estuviera a punto de cambiar de lengua en el próximo disco. La respuesta tan positiva que obtuvo este Grammy en todo Colombia fue quizás la prueba más contundente de que Shakira no perdería al público que la había acompañado todos estos años.

Pero la euforia del Grammy duró poco. Al día siguiente, y casi sin haber dormido, Shakira volaba de regreso a Miami para seguir trabajando ferozmente en la conclusión del disco. Hasta el momento tenía 15 canciones terminadas de las cuáles debía elegir sólo 12 para incluir en el álbum. Tarea que, según confesaba, le era difícil. Muchas de estas canciones estaban dedicadas a Antonio, con quien hacía ya un año que estaba de novia y en quien parecía haber encontrado al hombre de su vida. La pareja se veía más sólida y comprometida con el correr de los meses, y la relación parecía profundizarse a pesar de las distancias y los horarios exigidos de trabajo. Pero Shakira nunca quiso adelantar sus tiempos, y menos en la pareja. Cada vez que la prensa le preguntaba cuándo pensaba casarse, ella siempre contestaba lo mismo: "no por ahora". A pesar de estar viviendo el mejor romance de su vida, su carrera estaba primero, o por lo menos le exigía más.

En este momento, al concluir marzo, Shakira está dando los primeros brincos sobre el trampolín de su próximo disco. Está a punto de lanzarse a la piscina y la expectativa es grande. Se preparó con los mejores entrenadores y está en el mejor estado físico posible. La piscina, por otra parte, está llena, repleta de una audiencia atenta. La prensa también está a la expectativa. Ahora sólo queda por ver la maestría del gran salto.

DISCOGRAFÍA

Magia, 1991 (editado sólo en Colombia).

1. *Sueños*

2. *Esta noche voy contigo*

3. *Lejos de tu amor*

4. *Magia*

5. *Cuentas conmigo*

6. *Cazador de amor*

7. *Necesito de ti*

8. *Tus gafas oscuras*

Peligro, 1993 (editado sólo en Colombia)

1. *Eres*

2. *Último momento*

3. *Tú serás la historia de mi vida*

4. *Peligro*

5. *Quince años*

6. *Brujería*

7. *Eterno amor*

8. *Controlas mi destino*

9. *Este amor es lo más bello del mundo*

10. *1968*

Pies Descalzos, 1995

1. *Estoy aquí*

2. *Antología*

3. *Un poco de amor*

4. *Quiero*

5. *Te necesito*

6. *Vuelve*

7. *Te espero sentada*

8. *Pies descalzos, sueños blancos*

9. *Pienso en ti*

10. *¿Dónde estás corazón?*

11. *Se quiere, se mata*

Shakira, The Remixes, 1997

1. *Shakira DJ Megamix*

2. *Estoy aquí*

3. *Estou aqui*

4. *¿Dónde estás corazón? (dance remix)*

5. *Un poco de amor (extended dance hall)*

6. *Um pouco de amor*

7. *Pies descalzos, sueños blancos (Meme's super club mix)*

8. *Pes delcalços*

9. *Estoy aquí*

10. *¿Dónde estás corazón?*

11. *Un poco de amor (Meme's jazz experience)*

12. *Pies descalzos, sueños blancos (The timbalero dub 97)*

Dónde están los ladrones?, 1998

1. Ciega sordomuda
2. Si te vas
3. Moscas en la casa
4. No creo
5. Inevitable
6. Octavo día
7. Que vuelvas
8. Tú
9. Dónde están los ladrones?
10. Sombra de ti
11. Ojos así

Shakira, MTV Unplugged, 2000

1. Octavo día
2. Si te vas
3. Dónde están los ladrones?
4. Moscas en la casa
5. Ciega sordomuda
6. Inevitable
7. Estoy aquí
8. Tú
9. Sombra de ti
10. No creo
11. Ojos así

Las letras de estas canciones se pueden ver en Internet, en algunos de los tantos sitios que mantienen los fans de Shakira. Prueba http://www.donde-esta-shakira.com/lyrics/.

Premios y Reconocimientos

Premio Grammy, 2001

Mejor Álbum Pop Latino, *MTV Unplugged*

Premios Lo Nuestro 2001

Álbum del Año Rock, *MTV Unplugged*

Interpretación del Año Rock

Billboard Latin Music Awards, 2001

Nominación: Álbum Pop del Año, *MTV Unplugged*

Nominación: Billboard Latin 50 Artist of the Year

Nominación: Álbum de Rock Latino, *MTV Unplugged*

American Music Awards, 2001

Nominación: Mejor Artista Latino

Premios Grammy Latinos, 2000

Mejor Interpretación Vocal Femenina Rock, "Octavo día"

Mejor Interpretación Vocal Femenina Pop, "Ojos así"

Otras nominaciones: Álbum del Año y Mejor Álbum Pop, *MTV Unplugged*;
     Mejor Video, "Ojos así"

Video de la gente, MTV Latinoamérica, 2000

Favorita por video "Ojos así"

Premio Grammy 1999

Nominación: Mejor Interpretación de Rock Latino por *Dónde están los ladrones?*

Premio Amigo, España, 1999

Mejor artista solista latinoamericana

Premio MTV Latinoamérica, 1999

Votada segunda Mejor Cantante en la Década del '90

Premios Lo Nuestro, 1999

Mejor Artista Femenina

Mejor Álbum Pop, *Dónde están los ladrones?*

Artista Colombiana del Siglo

Revista *TV y Novelas,* Colombia, 1999

Premio Billboard Latino, 1999

Mejor Artista Pop Femenina, *Dónde están los ladrones?*

Primer puesto en The Billboard Latin 50, diciembre, 1998

Premio ERES, México, 1998

Mejor Artista Femenina Pop

Premio Mundial de la Música, Mónaco, 1998

Mejor Artista Latina

Embajadora de Buena Voluntad, Colombia, 1998

Nombrada por el presidente Ernesto Samper

Super Congo de Oro

Carnaval de Barranquilla, 1998

Disco Multiplatino, entregado por Sony Music, 1997

por *Pies descalzos*

Premios Lo Nuestro, 1997

Artista Femenina

Revelación del Año

Premios Billboard Latinos, 1997

Mejor Álbum por *Pies descalzos*

Mejor Video por "Estoy aquí"

Artista Nueva

Prisma de Diamante (un millón de copias vendidas), Sony Colombia, 1996

por *Pies descalzos*

Premio de Revista *TV y Novelas*, Colombia, 1994

Mejor Artista Nacional

Festival de Viña del Mar, Chile, 1993

Tercer puesto, Gaviota de Plata con el tema "Eres"

SHAKIRA EN EL WEB

Estos son los mejores sitios para encontrar información actualizada de la vida de Shakira:

http://www.shakiramebarak.com

http://www.angelfire.com/co/shakira/

http://www.shakira-mebarak.itgo.com/

http://www.shakiravideo.cjb.net/

http://shakimeba.webjump.com/

http://www.geocities.com/ojosasi_mx/

http://www.donde-esta-shakira.com/

http://shakira.metropoli2000.net

http://www.shakiromaniacos.cjb.net

http://www.telenovelas-internet.com/special/shakira/031300/shak.html

http://www.mundo21.com/musica/bios/shakira.php3

BIBLIOGRAFÍA

Cambio, En primera persona, Shakira por Gabriel García Márquez

Cromos, 24 de febrero, 1997; 26 de febrero, 2001

Diario de Hoy, El Salvador, mayo del 2000

El Espacio de Colombia, 7 de junio, 1997; 1º de agosto, 1998

Revista *Gente*, marzo de 1998; 24 de octubre, 2000; 30 de enero, 2001

El Heraldo, 8 de abril, 2000

El Tiempo, 23 de febrero, 2001

Latin Music and Entertainment Magazine, septiembre/octubre de 1999

Latina, abril de 1999

Miami Herald, 8 de julio, 2000

Mtvl.com

People en español, junio/julio de 1999

Ritmo de la noche, junio/julio de 2000

Rolling Stone, 26 de octubre, 2000

Semana.com, septiembre de 2000

Revista *Semana,*19 al 26 de mayo, 1997; 26 de febrero, 2001

Seventeen, agosto de 2000

Shakira, Ojos así, por Estheban Reynoso

Revista *Shock,* 1998

Revista *TV y Novelas,* febrero 26 a marzo 11, 2001

Sonicnet.com

SonyMusic.com

Telenovelas Internet, ¿Dónde estás, Shakira?, por Nol Cirene Molina

El Tiempo, 12 de octubre, 1997; 8 de mayo, 1998; 20 de septiembre,
     1998

Time.com, 3 de agosto, 1998

TV y Novelas de Colombia, Número Especial de Shakira

The Wall Street Journal, 13 de febrero, 2001

El Universal, 15 de abril, 1997; 15 de mayo, 1997

Acerca
de la autora

Nacida en Buenos Aires, Argentina, en 1970, Ximena Diego estudió allí publicidad y periodismo. Después de trabajar cinco años en publicidad y marketing, llegó a la conclusión de que lo suyo era el periodismo. Apenas mudarse a Nueva York con la excusa de seguir estudiando, su vida dio un giro de 180 grados. Sin proponérselo, dice ella, enderezó su rumbo. Encontró a su futuro marido y comenzó a publicar sus primeros artículos.

Comenzó a escribir *ad honorem* en el diario *Impacto Latin News*, cubriendo noticias del espectáculo, y entrevistando a distintas personalidades de nuestra cultura. Después de pasar por la revista bilingüe *Latina*, donde trabajó como traductora y ocasional colaboradora, Ximena no pudo resistir la tentación de las punto.com y actualmente se desempeña como Editora de Espectáculos en Star-Media, portal en español y portugués para América Latina y España.

8454